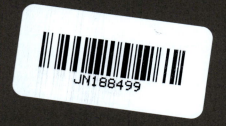

傾聴ボランティアの
臨床心理学的意義と
その養成

Meguro Tatsuya
目黒 達哉

樹 村 房

刊行に寄せて

このたび，目黒達哉さんの『傾聴ボランティアの臨床心理学的意義とその養成』が出版されることになり，心から嬉しく思っている。傾聴は心理臨床において基本とされる。目黒さんは，その傾聴を根幹とするボランティアの養成に尽力してきた。ボランティアには「支える人と支えられる人が交替しうる可能性」（本書でいう相互性）があり，それこそが地域援助の本質だと，目黒さんは考えている。

筆者（串崎）は目黒さんのワークショップを見学したことがある。そこではまず，傾聴がいかに難しいかを話し合う。私たちの心は過去に未来に移ろいやすく（マインドワンダリング），眼前の相手の「今ここ」になかなか集中できない。ワークショップの会場には，目黒さんの謙虚な姿勢と，相手を深く支えるまなざしが溢れている。やがて参加者は，傍にいることで相手の力になるという，傾聴そのものの在り方に気づく。

第２章の不登校の事例は，目黒さんの地域臨床の良さがよく表れており，本書の原点とも思われるので，ぜひ読んでいただきたい。第３章では，社会福祉協議会や大学（社会福祉学部）で傾聴ボランティアを養成するカリキュラムについて言及されている。このようなノウハウも貴重であろう。第４章以降では，ボランティア自身の成長する様子が描かれる。全員ではないが，「傾聴スキルの高い習熟と語り手への深い理解」をもつボランティアもいるという。

傾聴は初心者が学ぶ基本であると同時に，熟達者が行き着く境地でもある。これは心理臨床においても同様だろう。傾聴は専門技術でもあり，聴き手の存在力でもあるのだ。聴き足りず，聴き過ぎず。しっかり聴くことができれば，これほどの支えはない。傾聴という深い領域に取り組み，地域援助における一つの成果を示すものとして，本書を大いに歓迎したい。

2019年３月

関西大学大学院心理学研究科・関西大学文学部 教授 串崎真志

はじめに

筆者は，臨床心理学を専門分野としていて，なかでも臨床心理地域援助の領域に関心をもってこれまで実践研究をしてきました。特に心理職とボランティアの協働連携を重要視しており，そのようななかで傾聴ボランティアの養成に携わることができました。きっかけとなったのは，2004年にいなべ市社会福祉協議会から傾聴ボランティア養成講座の講師として招かれたことです。それ以来，愛知県，岐阜県，三重県，静岡県の市町村の福祉課，社会福祉協議会など十数カ所において，養成講座を実施してきました。これらの実践の積み重ねとして本書の執筆に至りましたが，当初はこのようなことになるとは夢にも思いませんでした。

また，日本でカウンセリングというと，ロジャーズのクライエントセンタード・アプローチを指す場合が多いと思われますが，近年，臨床心理学分野では，認知行動療法が台頭し，ロジャーズ流のカウンセリングが追いやられているように感じられます。1950年代当初，ロジャーズは傾聴ということを提唱していたようですが，多職種から「傾聴はただオウム返しをしているだけではないか」と馬鹿にされてから，ロジャーズは一切傾聴とは口にしなくなったと言われています。

筆者は，「傾聴」とは「対人援助の入り口」であり，非常に重要な技能であると考えています。筆者のこれまでの経験から，「傾聴はいいものだ」と答える地域住民の方は多いです。しかし，「傾聴」といっても，薄ぼんやりしていて，実態が明らかではありません。

このようなことから，筆者はここ十数年，傾聴ボランティアの実践研究に取り組んできました。

現代社会は超高齢社会，子育て支援，災害支援等，様々な今日的課題を抱えています。このような状況の中で，高齢者支援の一環として施設高齢者や独居高齢者の話に耳を傾ける活動，また子育てに悩む母親の話に耳を傾ける活動，さらには被災された方々の苦悩に耳を傾ける活動等，傾聴ボランティアの活動が注目されているように感じます。

本書は，これから傾聴ボランティアを実践しようとする方々，また実践中の方々，さらには傾聴ボランティアやその養成に関心のある研究者の皆様に向けた専門書として，筆者の博士論文「傾聴ボランティアの臨床心理学的意義とその養成」を基に，加筆修正したものです。

本書が現代社会における今日的課題の解決ためにお役に立てることを願っています。

2019年３月

目黒　達哉

傾聴ボランティアの臨床心理学的意義とその養成

もくじ

傾聴ボランティアの臨床心理学的意義とその養成

第1章
臨床心理地域援助とボランティア

第１節　臨床心理地域援助

地域社会には支援を必要とする多様な人々がおり，様々な支援がある。例えば，高齢化社会における高齢者支援，児童虐待における子育て支援，震災・災害現場における被害者支援，教育現場におけるいじめ・不登校・発達障害の支援などである。こうした状況においては，臨床心理士など心理学の専門家は，従来のようにクライエントが相談室にやってくるのを待つというわけにはいかない。伝統的な心理療法でアプローチするだけでなく，自らが地域社会へ飛び出して，地域住民すなわちボランティアの人々と協働・連携することが求められている（山本, 1986）。公益財団法人日本臨床心理士資格認定協会（2014）も，臨床心理士の専門的業務の一つとして，「臨床心理地域援助」を位置づけている。すなわち，臨床心理士は，「専門的に特定の個人を対象とするだけでなく，地域住民や学校，職場に所属する人々（コミュニティ）の心の健康や地域住民の被害の支援活動を行う」としている。

ここで，地域住民すなわちボランティアの人々は，単に専門家の協力者にすぎないのだろうか。ボランティアの人々は専門的な知識をもたないので，専門家に準じた支援しかできないのであろうか。筆者は長年の経験から，そうではないことを実感している。彼らは，ときに専門家を超える支援の実力をもっているし，そうでない場合も，彼らは地域住民の心の健康に独自な貢献をしている。むしろ，臨床心理地域援助の中心はボランティアの人々が担い，専門家はそれを周辺から支えるのがよいと，筆者は考えるようになった。筆者が本研究を始めたのは，ボランティアのこのような力を，臨床心理学として丁寧に描いてみたい，という動機からである。

第1章では，まず①臨床心理地域援助の源泉であるコミュニティ心理学について概説し，②その技法を個人心理臨床と比較し，③ボランティアとカウンセリングの相違を述べ，そして④ボランティア活動をバックアップする理論（実際的行動学）を提示する。

1．臨床心理地域援助とコミュニティ心理学

臨床心理地域援助の理論と技法を支えているのは，コミュニティ心理学的な視点である。コミュニティ心理学の誕生は，1965年のアメリカにおけるボストン会議を機とする。当時，アメリカ各地に地域精神衛生センターが設置され，これまで相談室という密室で心理療法やカウンセリングなどを実施していたカウンセラーが，相談室から飛び出し，実社会とくに地域での活動に取り組むという変化があった。

その活動の中心がコミュニティ心理学的な援助であり，その知を支えていたのがコミュニティ心理学の理論である。コミュニティ心理学は，地域精神保健活動を根底に，精神保健相談や心理相談を展開していった。コミュニティ心理学は臨床心理学とのかかわりも深く，個人の問題を中心として，環境や社会のネットワークづくりの必要性を説いてきた。

ここで，コミュニティ心理学の代表的な定義を挙げておく。Bennett *et al.* (1966）は，「コミュニティ心理学は，個人の行動に社会体系が複雑に相互作用する形で関連している心理的過程全般について研究を行うものである。この関連を概念的かつ実験的に明確化することによって，個人，集団，さらに社会体系を改善しようとする活動計画の基礎を提供するものである」とした。また，Murrell (1973）は，「コミュニティ心理学は，社会システムのネットワークとポピュレーション，および人々との間に交流作業に関する研究，人と環境との〈適合〉を改善するための評価，そうした知識や改革による当該個人の心理・社会条件の向上の試みなどを行う，心理学という科学の一領域である」と定義した。

日本におけるコミュニティ心理学の第一人者である安藤延男と山本和郎は，次のように定義している。「コミュニティ心理学は，社会システムや環境面の人間に及ぼす力を重視し，人間にとって生活しやすい環境に整備するために，環境の改善へ向けての介入方法・方略を考え，実際にコミットメントすること，そして，その介入方法や戦略の基礎になる研究を新しいパラダイムを模索しながらすすめていこうとする心理学である」（安藤，1979）。「コミュニティ心理学とは，様々な異なる身体的心理的社会的文化的条件をもつ人々がだれもが切りすてられることなく共に生きることを模索する中で，人の適合性を最大にするための基礎知識と方略に関して，実際におこる様々な心理的社会的問題の解決に具体的に参加しながら研究をする心理学である」（山本，1986）。

コミュニティ心理学の基本的な技法は，危機介入，コンサルテーション，社会的支援とその組織づくり，環境研究と幅広い。この分野は1990年代までは日本の心理学史の中で未開拓であったため，当時この種の実践研究は比較的一般にあまり知られていなかった。しかし，1990年代の後半から教育現場へのスクールカウンセラーの派遣などに伴ってこの分野も活性化された（目黒，2014）。そのため，日本の臨床心理地域援助は，学校における危機介入やコンサルテーションの技法を中心に発展している。

こうした背景の中で，山本（2002）は，「臨床心理地域援助とは地域社会で生活を営んでいる人々の，心の問題の発生予防，心の支援，社会的能力の向上，その人々が生活している心理・社会的環境の整備，心に関する情報の提供を行う臨床心理学的行為を指している」と定義した。コミュニティ心理学の立場から臨床心理学への貢献は画期的なことであり，山本によって初めて「臨床心理地域援助」の概念が明確化されたといえる。

もちろん，臨床心理士は，臨床心理査定法，臨床心理面接法といった個人へのアプローチに精通していることも要求される。一方，地域援助を展開していくうえでは，クライエントを取り巻く地域社会の人々（人的資源）や，ボランティアとして参加してくれる人々との協力・連携も重要となってくる。こうした状況を考慮し，筆者は，「臨床心理地域援助とは臨床心理査定技法，臨床心理面接技法を包含しつつ，地域住民やボランティアの人々との協力，連携を図りながら，クライエントを取り巻く家族，集団，組織，地域社会といった環境に働きかけて，クライエントの心の問題解決や成長・発展を促すことを目的としたものである」と考えている。

2．個人心理臨床と臨床心理地域援助

山本（2002）は，伝統的個人心理臨床サービスと臨床心理地域援助サービスの相違点について，表1－1のようにまとめている。表1－1によると，伝統的個人心理臨床は相談室，病院，施設内などの限られた枠における，治療的意味合い活動を意味する。また，専門家はクライエントを相談室で待っているという構えで，特定のサービスメニュー，いわゆるマニュアル化されたサービスを提供し，専門家主導でサービスが展開されることが読み取れる。

一方，臨床心理地域援助は，対象者を地域社会の生活者として捉え，ユーザーのニーズに合わせた多様なサービスを創造していく。専門家は地域社会へ出かけていき，生活者と身近に接する中で援助を推進していくのである。また，専門家は生活者の周囲の人々，すなわち非専門家（ボランティア）の協力が不可欠である。こうしたことは従来の心理臨床にない大きな特徴といえる。

表1－1を参考にして，筆者（目黒, 2008）は，個人心理療法と臨床心理地域援助を図1－1のように整理した。両者の共通性は，臨床心理検査法と臨床心理面接法を実施すること（が可能であるということ）である。個人心理療法に

表1－1　臨床心理地域援助の独自性――伝統的個人心理臨床との対比から（山本, 2002）

	伝統的個人心理臨床	臨床心理地域援助
①介入を行う場所	相談室・病院・施設内	生活の場・地域社会
②介入の対象	患者	生活者
③サービスのタイプ	治療的サービス	予防的サービス
④サービスの提供のされ方	直接的サービス	間接的サービス
⑤サービスの方略	特定のサービス Waiting-mode	多様なサービス Seeking-mode
⑥マンパワーの資源	専門家のみ	非専門家の協力
⑦サービスの意思決定	専門家が管理決定	ユーザーと共に
⑧サービスの責任性	専門家中心主義	地域社会中心主義

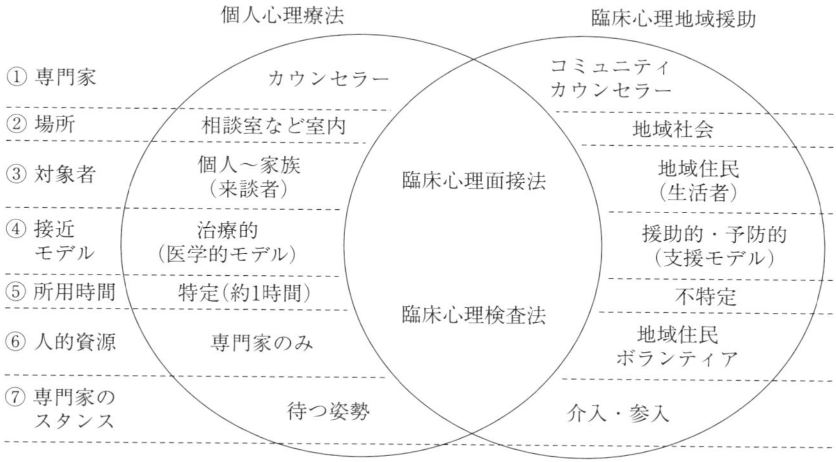

図1－1　個人心理療法と臨床心理地域援助との比較（目黒，2008）

おいては，当然これができないとクライエントにアプローチできない。臨床心理地域援助の場合においても，この2つに精通していないと，地域社会の人々にアプローチすることが不可能となる。

第2節　ボランティア

1．ボランティアとカウンセリングの理論上の検討

(1) ボランティア

ボランティア（volunteer）は，voluntas（自由意志），voluntaius（自ら進んでする）などのラテン語に由来する。その名詞形としては「有志者」「志願者」という意味があり，動詞形には「自発的に申し出る」「志願する」といった意味がある。このように，ボランティアは自由意志から出発して，主体性をもって市民の危機への課題解決に向かう人のことを意味している。もう少し具体的に言うなら，ボランティアは，自分の自由意志に基づいて，社会が抱える社会福祉問題などを自分とかかわりのある課題として捉え，その解決や支援の

ために一市民として参加する人をいう（中嶋, 1992）。

このようなボランティアの自発性や無償性は，多くの文献で共通して言及されている（大阪ボランティア協会, 1981; 中嶋, 1992; 目黒心理教育相談室・情緒教育部編,1998; 社会福祉法人愛知県社会福祉協議会ボランティアセンター, 2003; 藤野, 2004）。また，その公共性，市民性，継続性，開発性についても記述が散見される（大阪ボランティア協会, 1981; 中嶋, 1992; 社会福祉法人愛知県社会福祉協議会ボランティアセンター, 2003; 藤野, 2004）。ボランティアの留意点（重要なこと）については，時間をつくる，相手を尊重し相手にあわせる，プライバシーの尊重，守秘義務，約束を守ることなどが共通して述べられている。

また，社会福祉領域におけるボランティアは，プロフェッショナルな担い手（社会福祉士，介護福祉士，精神保健福祉士）に対する，一市民としての担い手と位置づけられる。わが国では1960年代から社会的に定着していき，1970年代以降は，社会福祉事業をはじめ社会に寄与する自発的な活動として活発化した（中・桑原,1998）。その活動は，物質的援助，金銭的援助，労働的援助，技術的援助，精神的援助など多岐にわたる（社会福祉法人愛知県社会福祉協議会ボランティアセンター, 2003）。

⑵ カウンセリング

狭義のカウンセリングは，カール・ロジャーズ（Carl Rogers, 1902-1987）が提唱した「来談者（クライエント）中心療法」を指す場合が多い。ロジャーズは，クライエントが主導するカウンセリングのあり方を提案し，そのために重要なのは，「共感的理解」「無条件の肯定的関心」「純粋性」というカウンセラーの態度であるとした（佐治・飯長, 1983; カーシェンバウムとヘンダーソン, 2001）。

広義のカウンセリングには，公益財団法人日本臨床心理士資格認定協会の認定臨床心理士や，日本カウンセリング学会の認定カウンセラーが行う活動を含めることもある。日本カウンセリング学会（2003）は，カウンセリングを次のように定義している。

カウンセリングはカウンセリング心理学等を基盤とする専門的援助活動である。この専門的援助活動の実践者をカウンセラー，被援助者をクライエントと呼ぶ。カウンセリングの基底には，カウンセラーとクライエントの間の援助を促進する人間関係がある。カウンセリングはクライエントが，人間的に成長し，社会の中で自立した人として充実した人生を歩むことを援助する（目的）。カウンセリングは，人間本来が持つ，自己理解，自己洞察，意思決定，自己調整力，環境への対処能力などの諸能力を向上させ，発達的，成長的課題の予防，解決に役立つ（援助内容）。また，調和のとれた人間関係，集団，組織，社会の維持・創出を可能にする（社会環境の整備）。

カウンセリングは，「こころ」の問題解決の援助のみに適用されると思われがちであるが，決してそうではなく，人格形成の援助，物の見方・考え方の変容のための援助，自己理解の援助など健康な人にも援用されている。カウンセリングの最も重要な技法は傾聴である（渡辺, 1996）。クライエントは，聴いてもらえることによって，カウンセラーを良き理解者だと認知する。そこに安心感と信頼関係が生まれるのである。カウンセラーの傾聴は，クライエントの感情のカタルシスをもたらし，内省や洞察（感情の経過）を促す。こうして，クライエントは本音で話すことができるようになる。その他の技法としては，受容，共感，反射，明確化，支持，質問などが挙げられている（渡辺, 1996）。

２．ボランティアリングとカウンセリングの実践から見えてくること

(1) ボランティアリングとカウンセリングの相違

上記の議論と筆者の経験をもとに，ボランティアリングとカウンセリングを比較してみたい（図１−２）。まず，両者の相違として，「担い手」「人数」「対象者」「場所」「時間」「金銭」「援助方法」が挙げられる。

a. 援助者（ボランティア−カウンセラー）……ボランティアは奉仕者で，カウンセラーは専門的に悩みを聴く人である。

b. 対象者（要援助者−クライエント）……要援助者は社会的な援助を必要としている人々で，いわゆる社会的弱者といえる。クライエント（来談者）は，相談に来る人のことをいう。

c. 人数（個人～不特定多数－個人～特定のグループ）……ボランティアの場合は個人に対する援助から不特定多数の人への援助が考えられる。不特定多数というのは，災害ボランティアがそれにあたる。一方，カウンセリングの場合は大別すると，個人カウンセリングとグループカウンセリングの２つの形式がある。いずれも人は特定される。

d. 場所（地域社会～国際社会－相談）……ボランティアリングでは，身近な近隣社会，地域社会から国際社会まで，室内から屋外までと幅広く展開されている。一方，カウンセリングは，相談室（カウンセリングルーム）という限られた室内でのアプローチが中心で，グループカウンセリングなどには研修室，会議室等のスペースが用いられる。

e. 時間（不特定－特定）……ボランティアリングの場合は明確でないことが多いが，カウンセリングでは60～90分と明確である。

f. 報酬（無償－有償）……ボランティアリングは無償の行為である。しかし，一時「有償ボランティア」という語が登場し，議論がなされたこともあった。ボランティアと要援助者との間には金銭は介在しない。ただし，ボランティアコーディネーターの位置いる人は，その仕事にかかりきりになるので生活を保障されなくてはならないため例外的に有償である。一方で民間によって行われるカウンセリングは有料である。クライエントがカウンセリング料を支払う。しかし，行政が行っているような場合はクライエントは無料でカウンセリングを受けられ，カウンセラーには行政から報酬が支払われる。

g. 援助方法（精神的，技術的，労働的，金銭的，物質的－精神的）……カウンセリングはこころのケアが中心であり，精神的な援助以外のものは見いだせない。ボランティアリングにも精神的な援助はある。災害ボランティアで被災者の人々の精神的なショックを和らげるために傾聴することなどが挙げられる。ボランティアでは，精神的援助の他に幅広く展開されている。技術的な援助は手話通訳，点字，開発途上国で水不足の地域に井戸を掘る技術の提供などがこれにあたる。労働的な援助は要介護者への直接的援助が挙げられる。金銭的な援助は義援金，共同募金である。物質的な援助は被災者，被災地への救援物資の提供などである。

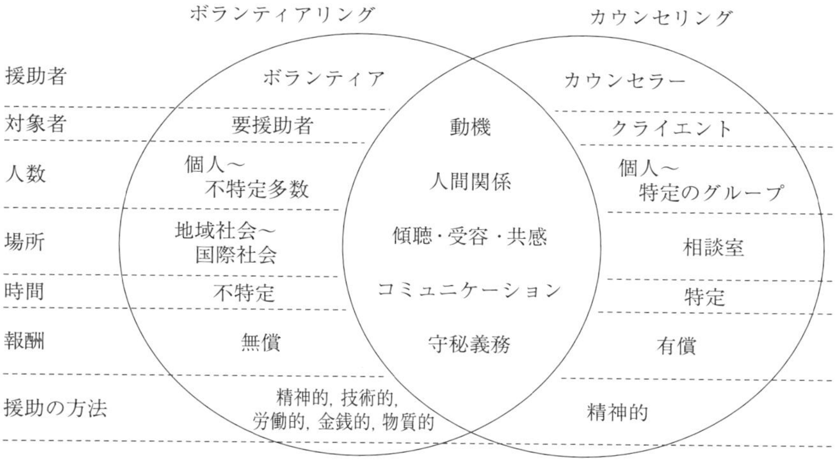

図１－２　ボランティアリングとカウンセリングの実践から見た比較

⑵ 共通性

図１－２の中央には，ボランティアリングとカウンセリングの共通性を示した。両者に，「動機」「人間関係」「傾聴・受容・共感」「コミュニケーション」「守秘義務」が共通することがわかる。まず，「なぜボランティアをしようと思ったのか」「なぜカウンセラーになろうと思ったのか」という動機が共通する。ボランティアもカウンセラーも，「人の役に立ちたい」「人を援助したい」「結果的に自分自身のためになれば」といった明確な動機をもっている（目黒, 2005）。

そしてボランティアリングにしても，カウンセリングにしても，そこには必ず人間関係が存在する。援助者と要援助者という相互関係で重要なのは，共感的な関係である。共感的な関係があればこそ，要援助者は援助者に本音をいえる。そのために，援助者は相手の語りに耳を傾け，受け容れてもらえる必要があるだろう。ボランティアにおいても，傾聴の態度は重要である（目黒, 2005）。

余談になるが，筆者は老人クラブと学生の交流会を実施している。学生はボランティアとして，食事づくり，グラウンドゴルフ，レクリエーション，グループワークなどのプログラムに参加する。特にグループワークや休憩時間に，学生たちは熱心に高齢者に耳を傾けている。ボランティアリングにおいても，傾聴・受容・共感の重要性を感じるひとときである。

コミュニケーションは，自分の意思を相手に伝え，相手の意思を理解することである。筆者はかつて，ネパールの子どもたちと日本の大学生の交流会を実施した。日本の遊びを伝えるとき，言語は通じなくても，身振りや身体を接触させていくうちに覚えてもらえた。遊びに合わせた日本語の歌ですら，現地の子どもたちは覚えたのであった。

最後に取り上げたいのが守秘義務である。ボランティアやカウンセラーは，対象者に関することを，どんなに些細なことでも口外してはならない。それは共感的な関係を損なうだろう（ただし，カンファレンスのような，信頼のおけるクローズなグループで対象者のために実施されるような場合は例外である）。

(3) まとめと今後のヴィジョン

ボランティアリングとカウンセリングには，相違点も多い。一方，経験や実践から整理すると，「動機」「人間関係」「傾聴・受容・共感」「コミュニケーション」「守秘義務」といった共通点もみられた。筆者は，良いボランティアは，良いカウンセラーになる条件であり，良いカウンセラーは良いボランティア活動ができると実感している。第３章で述べるように，社会福祉従事者やカウンセラーになる人は，ボランティアリングとカウンセリングの両方を経験することが重要だと考えている。

筆者は，臨床心理士や学会認定カウンセラーといった資格をもつ人だけがカウンセラーであると思わない。第６章で述べるように，筆者は市民ベースのボランティアリング・カウンセリングの構想をもっている。ボランティアリングを実践し，経験を積んだ人の中から，カウンセリングの重要な技術を学び，カウンセラーとして認定してもよいのではないだろうか。あるいは，市民のなかからボランティア・リーダーを養成し，ボランティアグループを結成し，精神的に支え合える福祉の街づくりを展開することも考えられる。市民・行政・研究機関（大学）のそれぞれが自発的に前向きに取り組み，ときには辛抱強く対話し，協力・連携関係を構築していくことが重要だと考える。

3．対人援助ボランティアと実際的行動学

本章の最後に，実際的行動学を概説しておきたい。実際的行動学は，ボランティア活動をバックアップするために，筆者（目黒，2008）が提案した理論である。実際的行動学では，まず，ボランティアの動機や目的を明確にする。そしてボランティア活動の結果が，社会貢献だけでなく，自分自身の夢（ヴィジョン）・喜び・達成感につながることを目指す（実際的行動学Ⅰ，図１−３）。さらに，ボランティア自身の内的な葛藤（戸惑い，迷い，悩み）が大切であると考え，それらを昇華することによって，ボランティア自身が自己成長へと向かっていくことを想定している（実際的行動学Ⅱ−１，図１−４）（実際的行動学Ⅱ−２，図１−５）。これらのサイクルは，「事前学習」⇒「準備」⇒「実践体験（本体）」⇒「事後学習（フォローアップ）」の一連の実践過程（実際的行動学Ⅲ，図１−６）に沿って展開される。

ここで，実際的行動学Ⅲ（図１−６）について，補足しておきたい。まず事前学習においては，ボランティア論，カウンセリング論，コミュニケーション論等の講義で，ボランティアに関する基本的な考え方を学ぶ。ボランティアと

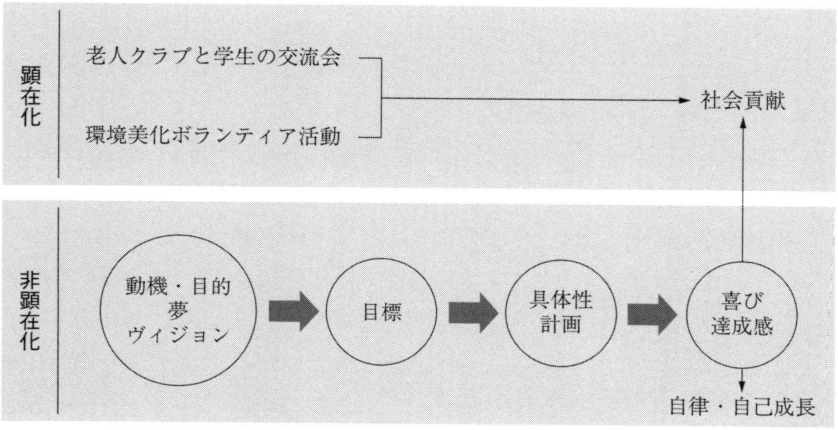

図１−３　実際的行動学・概念図Ⅰ（目黒，2003を改変）

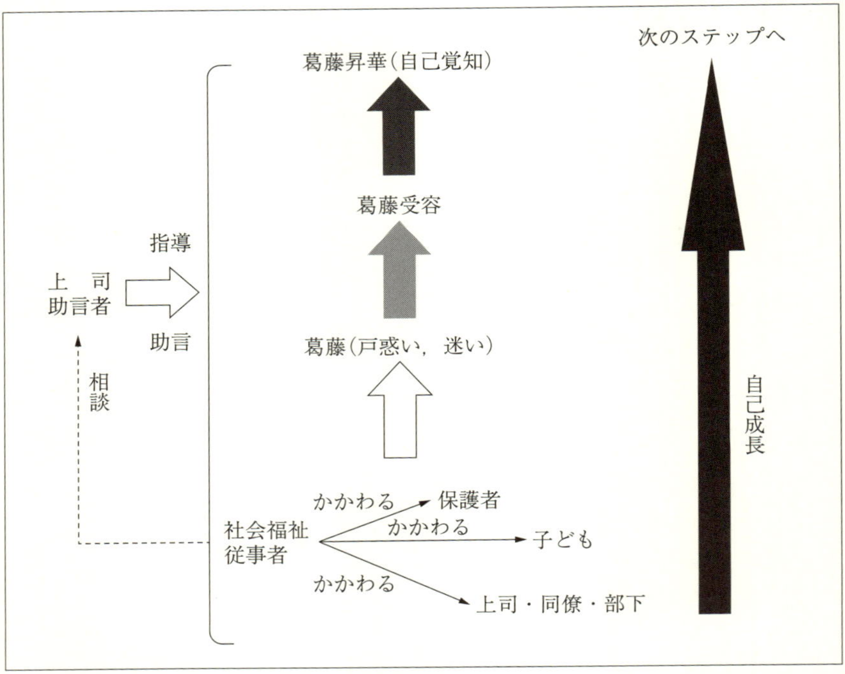

図の中の「上司・助言者」を担当教員に，「社会福祉従事者」を学生に，「上司・同僚・部下」を外部関係機関の担当者や学生同士に置き換えて考えてみることもできる。

図１－４　実際的行動学・概念図Ⅱ−1（目黒, 2007）

は何かを理解し，傾聴・受容・共感的理解といったカウンセリングの技能やコミュニケーションの方法を学ぶ。

次に，ボランティア自身の動機・目的を明確にする。ボランティア自身が，ボランティア活動を通じてどうなりたいのかを描く（ヴィジョン）。ボランティア自身が自分のことを忘れがちになると，目的や目標が達成できなくなる。そうならないために，ボランティアに動機・目的を明確化できるように徹底して指導する。

そして事前準備では，ボランティア活動に向けてミーティングを行い，リーダー１名，サブリーダー１名を決め，ボランティア活動のヴィジョン，具体的なテーマ，目標を設定する。他のボランティアの役割分担も行う。このとき，

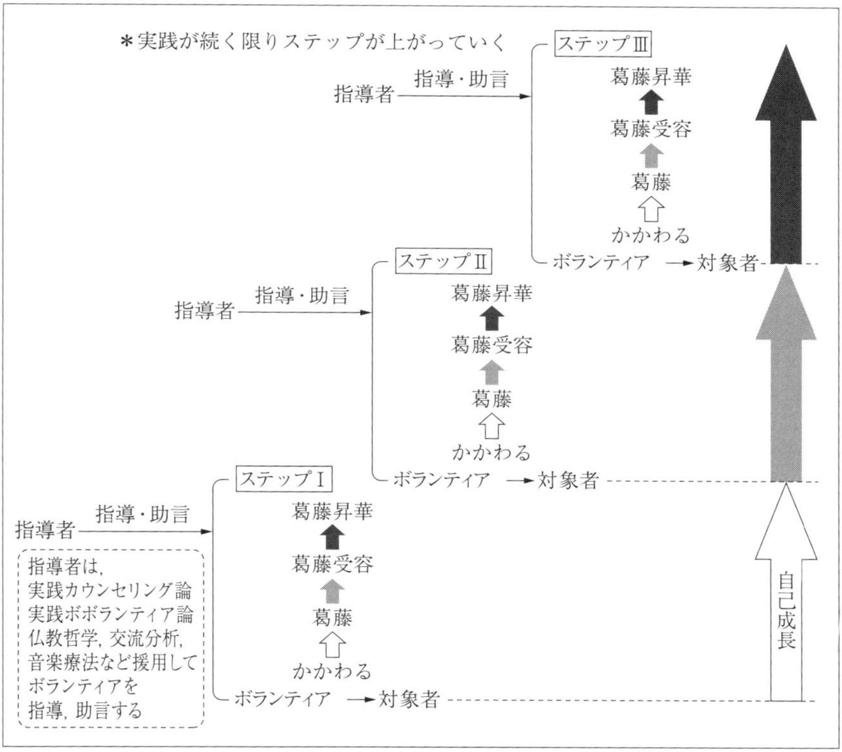

図1－5　実際的行動学・概念図Ⅱ-2（目黒・竹田, 2006）

ボランティア活動の内容を，対象者の視点から話し合う。実際にリハーサルして，問題点や改善点を修正し本番に備える。外部機関とかかわる場合は，関係機関・団体との打ち合わせ会をもつ。リーダー，サブリーダーが相手先へ出向き，ボランティアが作成したプログラム案を提示し，意見をもらい，それをまた持ち帰り，最終的なプログラムを完成させる。

本番（ボランティア実践活動本体）では，対象者のことを第一に考え，行動する。ボランティアが予定していたプログラムであっても，対象者の様子から適切ではないと判断した場合は，臨機応変に対応する。実際に用意していったプログラムができなくてもよい。

事前学習	・動機・目的は何か ・ヴィジョンは何か ・対象者は誰か ・ボランティア論について学ぶ
↓ 準備	・取組の目標を設定する ・プログラムの内容を話し合い，決定する ・連携機関の代表者と内容について話し合い，最終的に決定する ・必要備品の準備をする
↓ 本番（体験活動）	・対象者のことを第一に考え行動する ・ボランティア同士が協力・連携する ・全体を見渡すことに心がける
↓ 事後学習 （フォローアップ）	・実践の振り返り ・自分自身の得手，不得手を発見する ・葛藤を昇華する ・プログラムの問題点，課題点を把握，分析し，次へ繋げていけるようにする ・動機・目的は達成できたか

図1-6　実際的行動学・概念図Ⅲ（目黒・竹田, 2006）

最後に事後学習（フォローアップ）では，ボランティア同士で実践を振り返り，自分自身の得手，不得手を見つめる。葛藤したことを明確にし，昇華する。プログラムの問題点を分析し，次への課題点を発見する。自分自身の動機・目的・ヴィジョンは達成できたか否かを明確にする。

第3節　本研究の目的と構成

本研究では，上記のような関心と実践にもとづいて，ボランティアあるいはボランティアすることの意義を臨床心理学から考察する。第2章では，臨床心理士とボランティアの協働・連携による不登校生徒の支援の事例を，ボランティアという視点から考察する。当初，不登校生徒はボランティアされる側であったが，社会人ボランティアや学生ボランティアのかかわりによって，その後ボランティアをする側に成長していった。このことから，「ボランティアをする側とされる側」の関係性（相互性）が重要であることを考察する。

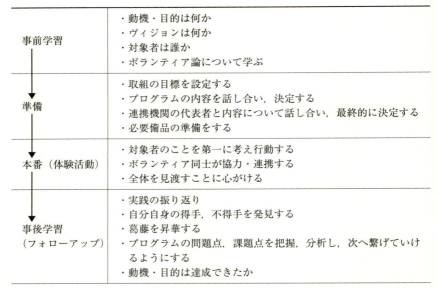

第３章では，高齢者の話し相手として注目されている傾聴ボランティアに焦点を当て，その養成の実際を概説する。傾聴ボランティアはアメリカに始まり（American Association of Senior Peer Counseling, 2015），日本においても行政機関や社会福祉協議会等（目黒, 2010），様々な団体で養成されている（日本傾聴塾, 2006）。

そして第４章と第５章では，傾聴ボランティア自身の変化を検証する。彼らは，傾聴の能力をどのように高め，どのような自己成長を感じているのだろうか。また，それは，コミュニティ感覚をどう変化させるのか検討し，傾聴ボランティアに必要な要素について考察する。

第６章では，支えられる人が支えるようになるといった相互性，さらにそれが連鎖していく様相について考察する。傾聴する側と傾聴される側が互いに影響し合うことに着目しつつ，特に傾聴する側がやがて傾聴される側に移行していくという，時系列的な連鎖が人間的な深まりを生じさせることを述べる。また，臨床心理地域「援助」という視点に加えて，臨床心理地域「形成」という視点から，傾聴ボランティアの養成・実践の意義と課題を考察する。

第2章

事例研究
臨床心理地域援助におけるボランティアの役割

第１節　事例の概要
——社会的援助組織における不登校への臨床心理地域援助

1．はじめに

不登校の対応は，児童相談所，児童精神科や小児科のクリニック，スクールカウンセラーが配置された学校などで行われ，そのアプローチも，カウンセリング，心理療法，家族療法，行動療法などと幅広い。第２章の前半は，筆者が地域住民と協働・連携しながら創設したコミュニティ（Tコミュニティ）を取り上げ，後半はそれをもとに取り組んだ，４年半にわたる不登校の臨床心理地域援助を紹介する。このようなアプローチは，以前は未開拓であったが，2000年代から目にふれるようになってきた。

まず，筆者が創設したTコミュニティスクール（以下，スクールと記す），Tコミュニティ心理教育相談室（以下，相談室と記す），A地区不登校相談会（以下，相談会と記す），自閉症児療育グループ（以下，療育グループと記す）といったサブシステムを有する社会的援助組織をTコミュニティと呼んでおく。

詳細は後述するが，不登校児M子（当時中学３年生）が，筆者やTコミュニティとかかわる契機は，M子と母親が，担任教師に連れられて相談会に来たことに始まる。その後，M子は相談会でグループカウンセリング，スクールでキャンプなどの野外教育や体験学習に参加し，さらに療育グループにボランティアとして参加するようになった。M子は社会人や学生ボランティア，障害児とその母親たちなど（マンパワーの資源）とかかわりながら，自分を少しずつ表現し，成長していった。

２．Ｔコミュニティの目的

Ｔコミュニティの目的は，第一にＴコミュニティにかかわるクライエントの問題解決を図り，心の成長を援助し，生きる力を呼び起してもらうことにあった。第二に，筆者をはじめ，Ｔコミュニティにかかわるボランティアが，クライエントとのかかわりを通して自分自身を見つめ，自己成長を遂げていくところにあった。さらに第三として，臨床心理地域援助の技法の立場から，社会啓発，社会貢献を図っていく活動体でもあった。

３．Ｔコミュニティ発足に至るまでの経過

筆者は中学３年時に不登校の経験をもち，そのことが現在，臨床心理地域援助を実践する動機ともなっている。大学・大学院時代，不登校児の療育キャンプ，障害児・健常児のインテグレーションキャンプ，そして障害児療育キャンプを通して子どもたちの情緒を継続して育てたいと考え，そのヴィジョンをボランティア仲間に話したところ，賛同者が多く，活動を開始することになった。

筆者を中心に数人のメンバーが集まり，県内のあまり心理臨床の盛んでないＡ地区を活動の拠点に据えた。臨床心理士の資格を有するメンバーは筆者のみで，他は教員や会社員などであった。やがて学生も集まり始め，ボランティアのメンバーの幅が広がった。活動は，「情緒を育てるキャンプ」の実現からスタートさせた。地域のホームニュースで呼びかけ，また地域の図書館や社会教育センターなどにビラを置かせてもらった。後にこれがスクールへ発展した。

それと並行して，筆者は，家に引きこもっていて相談機関に通えない不登校児の訪問カウンセリングを実施していた。キャンプや訪問カウンセリングを実施する過程で，保護者からの相談も増えたことから地域で相談会を開催していたが，「相談会のようなグループには参加しにくいので，個人的に相談にのってくれないか」という保護者も現れた。こうした経緯で，Ｔコミュニティの設

立に至った。

4．Tコミュニティの機能

Tコミュニティの組織を図2-1に示す。以下に，サブシステム（スクール，相談室，相談会，療育グループ），サブグループ（社会人ボランティア，学生ボランティア），それらの位置づけと役割，それぞれの相互関連性について述べていきたい。

(1) サブシステムの機能

スクール　スクールは，「心の塾」という私的な教育機関であった。対象は幼稚園・保育園年長から高校3年生まで。春休み，夏休み，冬休み，そして月1回（日曜日や祝祭日等），キャンプを中心とした野外活動や臨床心理学的な体験学習を通して，自己の内面的な成長を目指た。スクールはM子のような不登校児，学校不適応気味の子ども，登校はしているが情緒面に心配のある子，そして障害児などと多様なクライエントが参加していた。

相談室　「21世紀は心の時代」をテーマに掲げ，開かれた相談室を目指した。不登校・いじめなどの情緒的問題に関する相談，発達障害に関する相談，高校中退者の進路相談，そして自分自身の人生を見つめ直しなどに対応した。個人面接とグループ援助からアプローチし，いずれでも生活臨床的立場（生活臨床の基本（伊勢田・長谷川・小川，2012）でのカウンセリング，すなわち日常生活に即したカウンセリングを行っていた。特にグループカウンセリングを中心とした相談援助に注力した。筆者がTコミュニティ内で唯一の臨床心理士有資格者であったため，業務のほとんどを担当していた。

相談会　月1回の開催で，クライエントはもちろんのこと，保護者，教師，A地区Y病院医療ケースワーカー（以下，ワーカーと記す）が参加した。親と教師，教師と子ども，そして親と子どもが互いに分かち合い，不登校を理解しようと試みた。筆者がカウンセラーの役割を果たし，グループカウンセリング的な手法で進めた。そのうちに世話役をかって出てくれる母親も現れ，場所の設定や来談者のとりまとめを積極的にするまでに発展した。

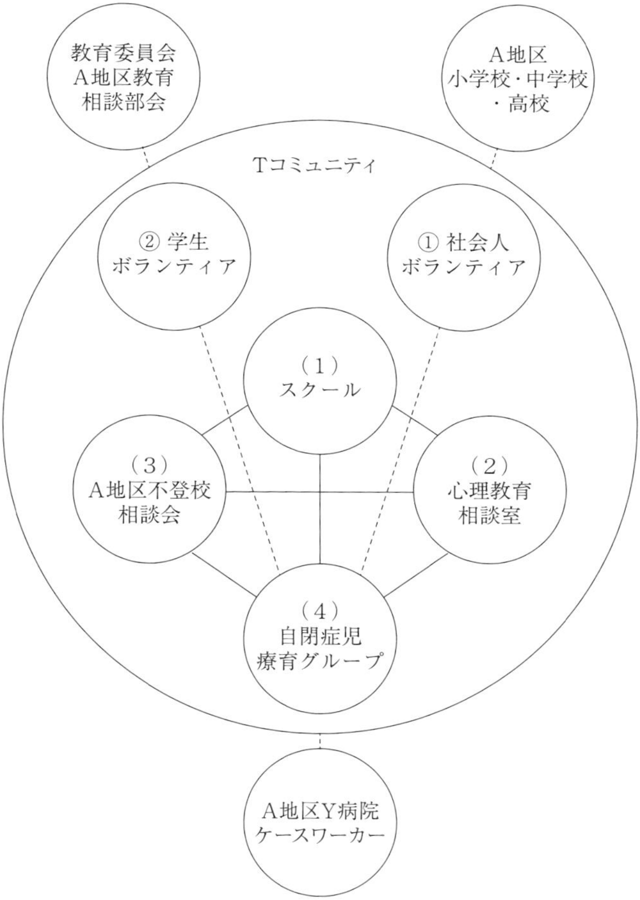

図２－１　Tコミュニティの組織図と地域（外部資源）とのつながり

療育グループ　相談室では，いじめや不登校の相談だけでなく，「自閉症児親の相談会」と銘打ったグループを募集した。後にこれが相談室から独立して，自助グループ（「６名の自閉症児とその家族の会」）に発展した。月１回の開催で，親の相談，ハイキング，ディキャンプ，宿泊キャンプ，スイミングなどを行った。

⑵ スクールと療育グループを支えるサブグループとしてのボランティア

社会人ボランティア　物心両面でスクールと療育グループを支える働きながら援助する人々の組織。10名で構成され，直接クライエントにかかわるというよりも裏方的な仕事を多く担ってもらった。特にスクールに関しては，クライエントの募集や企画運営を社会人ボランティアを中心としたメンバーに委ね，筆者はその報告を聴くというかたちをとっていた。学生ボランティアを経て社会人ボランティアになる者もいた。また，先輩として公私ともに学生ボランティアの相談相手にもなっていた。

学生ボランティア　学生（大学生，短大生，専門学校生）のボランティア組織で，スクール行事と療育グループでクライエントに直接かかわり，成長を援助する役割を果たす。メンバーは10名で，一般公募とスクール参加者のOBによって構成されていた。

⑶ 各サブシステムと各サブグループの役割分担と相互関連性

スクールはキャンプや体験学習などを通して，相談室は個人カウンセリングやグループカウンセリングなどを通して，自己成長を図る相談機関の役割を果たしていた。もちろん，相談会は相談機関としての役割を，さらに療育グループはクライエントが（希望すれば）ボランティアをする場としての役割もあった。

クライエントがＴコミュニティにかかわるまでのパターンは３つあった。まず，相談室の個人カウンセリングか相談会へ母子ともに参加し，筆者がかかわったあとで，クライエントがスクールに参加し，主として学生ボランティアや社会人ボランティアがかかわるというパターン。第二に，クライエントがスクールの行事に参加して，主に学生ボランティアや社会人ボランティアがかかわり，その母親が相談室か相談会に参加して筆者がかかわるパターン。これらは，母子が並行して参加するパターンである。第三に，最初はクライエントのみがスクールに参加し，学生ボランティアや社会人ボランティアがその様子を母親に報告し，そこから母親が相談室を訪れるパターン。いずれの場合も，筆者は情報交換を密にして，協働・連携を図っていた。

⑷ Ｔコミュニティと外部資源との関係性

こうした臨床心理地域援助を展開するなかで，メンバー内のワーカーや教師からの相談会に参加して学びたいという申し出が増えた。ワーカーが担当しているケースのなかからスクールのキャンプで紹介して学びを共有したり，相談室に個人カウンセリングの依頼がきたりするようになった。また筆者は，教育委員会のＡ地区教育相談部会（教育相談係の教師を対象とした研修会）の指導助言者として定期的に招かれるようになり，さらにはＡ地区のいくつかの小学校・中学校・高等学校の現職教師を対象とした研修会の講師をするようにもなった。このようななかで，学校からＴコミュニティにケースを直接依頼がくるようになり，筆者が学校コンサルテーションとして巡回するなど，学校コミュニティへ介入するようになった。

５．事例の概要

本事例を掲載するにあたって本人の了解を得ているが，プライバシー保護の観点から一部加工している。

事例　M子。来談当時，中学３年生，15歳。

主訴　不登校

家族構成　父親，母親，４歳年上の兄，２歳年上の兄，とM子の５人家族。父親は会社員で毎日帰りが遅く，M子によると真面目で勤勉。母親はエネルギッシュで明るい感じだが，M子より先回りして手を出してしまう過保護・過干渉のタイプであった。２人の兄は当時それぞれ大学生２年生と高校２年生で，問題は特になかった。

相談会への来談　X年6月頃から朝起きると頭痛，吐き気，腹痛などの身体症状を訴え登校を渋った。Y病院小児科を受診したが，医学的検査の結果，異常は認められなく，心身症（不登校）という診断が下った。そこでワーカーの紹介でX年10月に，担任教師と共にM子と母親は相談会に来談した。M子らの様子は担任教師の説得によって連れて来られたという感じで，M子の表情は非常に硬く，深刻そうで暗く，うつむき加減であった。母親は緊張した様子であった。筆者は，とりあえず，毎月1回実施している相談会への継続参加を提案した。M子と母親はそれを了解し，援助活動を開始した［第1の介入］。

6．M子への援助活動

M子がTコミュニティとのかかわりによって，どのように自分を表現できるようになっていったのか，6つに区分し，援助活動の概要を述べる。

第Ⅰ期　出会い（X年10月～X＋1年1月）

当初，相談会で筆者から話しかけても返答がなく，表情も暗く，うつむき加減の状態が続き，おどおどしている感じであった。しかし，X年12月には相談会に来ていた同じ学校の，しかも同学年の二人の女の子と話すことができるようになった。その後，この二人と仲良くなりM子の支えとなった。X＋1年1月，3学期が始まってから保健室登校をするようになり，M子の表情は次第に明るくなった。

第Ⅱ期　自分探しへの旅立ち（X＋1年2月～5月）

X＋1年2月，M子は昼間定時制高校に行きたいと自ら申し出，受験に向けて取り組み始めた。X＋1年3月の卒業式は父親と一緒に登校することはできたが，卒業式の会場（体育館）には入ることができなかった。M子と父親は別室で卒業証書をもらうために担任教師を待っていたが，卒業式当日による多忙からなかなか来ることができなかった。M子は担任教師に対して否定的な気持ちになり，父親はそのM子の気持ちをうまくフォローすることができなかった。M子はふさぎ込み，筆者に電話で泣いて訴えてきた。もともと担任教師は，M

子，母親とともに相談会に参加しており，互いの信頼関係はできていたので，M子は担任と関係を取り戻すことができた。M子と担任教師との信頼関係が揺らぐと，高校受験を控えたM子の安定を図っていくうえでもよくない状況だと筆者は判断し，関係調整を行った［第２の介入］。M子が自分の否定的な感情をうまくコントロールできないこと，父親のフォローが適切でないこと，これらがM子が自分を表現できないでいる要因の一つなのではないかと考えられた。

M子は高校に合格した。X＋１年４月，高校入学後，やはり朝起きると腹痛や吐き気などの身体症状を訴え，学校を休みがちで，何とか保健室登校ができる程度であった。５月に入って，M子は30分ほど教室に入ることができ，長い時間いると腹痛や吐き気をもよおすと訴えた。

第Ⅲ期　自分の表現に苦しむM子（X＋１年６月～X＋２年２月）

X＋１年６月の相談会で，学校のクラスの子に「どうして何も話さないのか」と指摘され，自分をうまく表現できないことを歯がゆく思い，落ち込んだと訴えてきた。筆者は，「あまりしゃべらない人でも味のある人はいるよ」と支えた。しかしM子は，「これでは駄目だと思う」と返答してきたのである。筆者は，M子が課題として捉えていると感じ，M子が自分を表現する練習の場として，スクールの行事に参加するように勧めた。するとM子も了解し，この月から参加することになった［第３の介入］。

しかし初参加の行事で，女性の学生ボランティアから同じことを指摘され，「私はもう駄目かもしれない」とふさぎ込んだ。事前に，筆者と学生ボランティア，社会人ボランティアがしっかり打ち合わせていなかったことが，このような結果を招いた。そこで，筆者は，M子と学生ボランティアが話し合う場を設け，関係を調整することにした［第４の介入］。その結果，M子は学生ボランティアと本音で話すことができ，これからもスクールに参加していくことを決意した。

X＋１年８月，スクールが主催する４泊５日のサマーキャンプに相談会に来ている友人と申し込んだが，友人がキャンプ出発の直前に気分が悪いと訴え，

期	年	月	M子の学校生活	A・相談会	B・スクール参加	C・療育グループ	著者の危機介入の内容（文中の＿＿は著者の介入の内容を表す）	勤労者ボランティア，学生カウンセラー，他のクライエント，外部資源などの働きかけ
Ⅰ 出会い	X年	10	登校拒否状態	初●			初●[最初の介入] 毎月１回の相談会への参加を提案する。	→ ワーカーの紹介と担任教師の呼びかけにより来談する。
		11						
		12						
	X＋1	1	保健室登校					
		2	K高校受験					
Ⅱ 旅立ち		3	中学校卒業	2●			2●[第２の介入] 卒業式で担任と父親の間でトラブル。泣いて訴えるＭ子を支える。	
		4	K高校入学					
		5	高校の相談					
		6	室登校	3●	4●			
Ⅲ 表現に苦しむＭ子		7	時々教室へ		5・6●		3●[第３の介入] 自分をうまく表現できないことを友人に指摘され落ち込む。自己表現の練習の場としてスクール参加提案。	
		8						
		9						
		10	自分を表現できない	7●		開始		
		11						
		12						
	X＋2	1	K高校退学				4●[第４の介入] 女性の学生カウンセラーに同じことを指摘され落ち込む。Ｍ子とカウンセラーが話し合う時間を設ける。	→ 女性の学生カウンセラーの働きかけによりＭ子は本音で話せたようになり，今後もスクールに参加していくことを決意した。
		2	M高校受験	8●				
		3	M高校入学	9● 終了				
		4						
Ⅳ 再出発		5						
		6	アルバイトをしながら登校				5・6●サマーキャンプ参加 [第５の介入] 友人が参加できなくなり迷う。参加を促す。	→ 学生カウンセラー，勤労者ボランティアもＭ子に参加を促してくれた。これが功を奏し参加を決意した。
		7					[第６の介入] キャンプ中に力が尽きてきて帰りたいと訴える。励ます。	→ Ｍ子担当の学生カウンセラーや，同じグループの他のクライエントが励ましてくれて，これによって最後までやり遂げることができた。
		8						
		9						
		10	成績トップ					
		11						
		12						
Ⅴ 自分	X＋3	1					7●[第７の介入] ボランティアをしたいという。療育グループへの参加を提案。	→ Ｍ子は自閉症児とかかわり，その病理の深さを痛感したようだが，彼らは
		2						
		3	予備校にも					
		4						

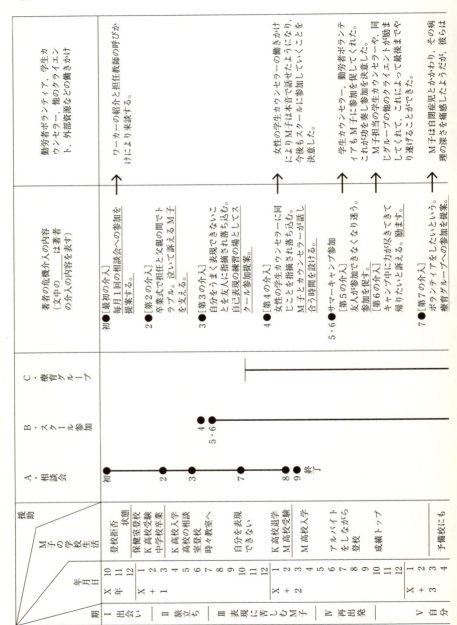

期	年	月	M子の状況	介入	スクール	療育グループ
を表現し始めたM子			通う			
		5				
		6	福祉系大学進学目指す			
		7		＊10●		
		8				
		9				
		10				
		11				
		12				
	X＋4	1				
		2				
		3				
		4				
Ⅵ 自立に向けて		5	受験勉強に集中	Tel 11●	終了	
		6				中断・最終的に終了
		7				
		8				
		9				
		10	受　験	＊12● Tel 13●		
		11				
		12	合　格	Tel 14● ＊終● 終結		
	X＋5	1				

注１　●は著者の介入を表す
注２　A，B，Cそれぞれ月１回開催されていて，M子はほぼ全てに参加している
注３　＊は相談室来室
注４　Telは電話相談

8●［第８の介入］
学校を変わりたいと訴える。話をよく聞く。

9●［第９の介入］
相談会終了を告げる。

10●［第10の介入］
学校へ行くのが少し疲れたという。少し休んで力を蓄えるよう伝える。

Tel 11●［第11の介入］
受験に集中するためスクールを休みたいという。スクール参加の終了を提案。受験に専念するため療育グループを休みたいという。了解する。（最終的に終了となる）

＊12●［第12の介入］
受験にボランティア証明が欲しいという。証明書を書く。 → 証明書の作成については，療育グループの母親たちの全面的な協力が得られた。

Tel 13●［第13の介入］
受験失敗の電話が入る。支える。

Tel 14●［第14の介入］
再受験にボランティア証明が欲しいという。証明書を書く。

＊終●［最後の介入］
大学と短大の２校に合格。下宿して短大にいくことに決める。それを指示し，終結とする。

M子が福祉の道を選択していく上で大きな影響を与えた。
　また、勤労者ボランティアの中には養護学校の教員が，学生カウンセラーの中には社会福祉学部の者もいて，M子は第Ⅴ期スクール行事や療育グループに参加している際にこれらの人々に自分の進路について相談したり意見をもらうことが多々あり，これらの人々とのかかわりもM子の人生に大きな影響を与えた。

図２−２　M子への援助活動

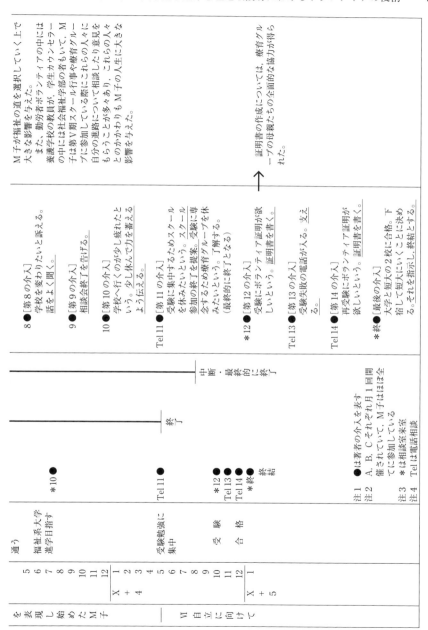

キャンプに参加できないと申し出たため，M子は困惑した。M子は友人を必死に説得したが，うまくいかなかった。しかし，M子自身は参加したい気持ちが強く，筆者は「ここでM子を友人と一緒に帰してはいけない。M子にとって自分自身を乗り越える大きなチャンスだ」と考え，スタッフ（学生ボランティア，社会人ボランティア）に協力を求めた。すぐさま，キャンプ出発の集合場所で，M子，学生ボランティア，社会人ボランティア，そして筆者の四者で話し合った。これが，M子にとっていろんな人々の意見を聴く良い機会となった。この介入を契機に，M子はキャンプに参加することを決意した［第５の介入］。

３日目に，M子は「帰りたい，力が尽きた，もう駄目かもしれない」と訴えた。筆者は「もう少しだからがんばってみようよ」とM子を励ました。何よりも大きかったのは，M子担当の学生ボランティアやM子と同じグループのクライエント（参加者）などが，「一緒にやろうよ」と励ましたことだった。これによって，最後までやり遂げることができた［第６の介入］。

X＋１年10月の相談会において，M子からボランティアをしてみたいという申し出があった。そこで相談室が実施している療育グループへの参加を提案した［第７の介入］ところ，X＋１年11月の療育グループから参加することになった。M子にとってボランティアは初体験で，自閉症児の生き方を通して自分自身を見つめる機会になったようで，以後継続的に参加した。X＋２年１月，２月の相談会で，「今の学校は自分には合わない，学校を変わりたい」「自分なりにがんばってきたが，力が尽きてきた」と訴えてきた。筆者は「何を選択しても苦しみは伴うと思う。どの苦しみだったらやっていけそうか，よく見たらどうか」と伝えた［第８の介入］。

第Ⅳ期　自分探しへの再出発（X＋２年３月～８月）

結局，昼間定時制高校を退学し，相談会に来ていた友人とともに夜間定時制高校を受験し，合格した。X＋２年３月の相談会で，M子と話し合い，相談会を終了すること，その後はスクール行事への参加と療育グループにボランティアとしてかかわっていくことを決めた［第９の介入］。４月から新しい高校に入学し，アルバイトをしながら，ほとんど休むことなく登校した。学校では定期考査で学年トップクラスの成績を修め，担任教師から「あなたは大学にいける力があるからがんばりなさい」と期待され，喜んでいた。一方で，成績を維持しなければならないという自らのプレッシャーにより，一時的に教室に入れず保健室にいたこともあったが，何とか１学期を終えることができた。

第Ⅴ期　自分を表現し始めたM子（X＋２年９月～X＋４年５月）

この時期に入って，スクール行事や療育グループで，自分から積極的に人にかかわることが多くなり，よく話すようになった。さらに療育グループにボランティアとして参加したことがきっかけで，福祉系大学に進学したいという希望をもった。社会人ボランティアのなかに養護学校の教員がいたり，学生ボランティアのなかに社会福祉学部に在学している者がいたりして，M子は自分の進路について相談し意見をもらうことが多々あったようだ。これらの人々とのかかわりは，M子の進路選択に大きな影響を与えた。X＋３年４月から，夜間定時制高校への通学と並行して，昼間に予備校にも通うほど積極的になった。X＋３年９月，２学期の初め，相談室を訪れたM子は，筆者に「学校に行くのが少し疲れた」と話した。筆者はM子に「少し休んで力を蓄えてみてはどうか」と提案した［第10の介入］ところ，M子は１週間ほど学校を休んで，再び登校し始めた。これ以後，しばらくの間，筆者が介入することはなくなった。

第Ⅵ期　自立に向けて（X＋４年６月～X＋５年１月）

X＋４年６月，９カ月ぶりに相談したいと電話があった。「そろそろ受験に向けて集中したいので，スクールをしばらく休みたい」ということだった。筆者はM子が自分を表現できていると感じ，「この際スクールを卒業しよう」と提案をしたところ，M子も納得した。M子は，「スクールへの参加は自分自身にとっても大きなことだった」と語った［第11の介入］。X＋４年９月，M子より相談したいと電話があり，「さらに受験勉強に集中したいので療育グループのボランティアもしばらく休みたい。しかし，将来福祉関係の仕事をしたいので，大学受験に合格したらまた続けていきたい」ということであった。筆者はそれを了承した。X＋４年10月，大学受験のためにボランティアの証明書が必要とのことで，相談室に来室する。筆者は証明書を発行することを快諾し，励ました［第12の介入］。なお，証明書の発行にあたっては，療育グループの母親たちからも「役に立ちたい」と全面的な協力が得られた。

ところがX＋4年11月，M子から「不合格だった」と涙ぐんだ電話があった。筆者はM子を励まし，「まだ他校も受験できるので，高校の担任の先生とよく相談するように」伝えた［第13の介入］。M子は担任と相談して他校も受験することにし，筆者に再度ボランティア証明書の発行を求めた。筆者は快く引き受け，再度，がんばるようにと励ました［第14の介入］。M子は「また気を取り直してがんばる」と返答した。証明書は先回と同じものを郵送することにした。

X＋5年1月某日，M子から「合格した」と電話があり，喜びを分かち合った。X＋5年1月某日，M子は話がしたいと予約を取り，相談室に来室した。「大学に合格してうれしい反面，ちゃんとやっていけるかどうか不安」と話した。筆者はよい機会だと思い，「M子はもう一人でやっていけるよ」と伝え，終結とした［最後の介入］。M子もそのつもりで来室したようで，うれしさとさみしさの入り混じった表情で相談室を後にした。

第2節　考察

本事例に関して，臨床心理地域援助におけるボランティアの役割について，またボランティアとクライエントの相互性について考察する。

1．社会人ボランティア，学生ボランティアと他のクライエントからの働きかけ

M子にとって，ボランティアとのかかわりは重要な位置を占めていた。例えば，第2の介入時，学生ボランティアと向き合って，互いに本音で気持ちを伝え合い，わかり合うことができたこと。これは，M子にとって意味深かった。なぜなら，（筆者以外の）見知らぬ他者と心から会話し，通じ合うことを体験できたからである。同様に，第5の介入時には，キャンプに一人で参加するか

どうかを，数人の学生ボランティアや社会人ボランティアと話し合った。M子にとって，学生ボランティアは兄的・姉的な存在，社会人ボランティアは叔父的・叔母的な存在であったのだろう。そして筆者は，M子にとって父親的な存在だったと思われる。

もう一つ忘れてはならないことは，他のクライエント（スクールや療育グループの子ども）たちとのかかわり合いである。例えば，第６の介入時，M子はキャンプの途中で帰りたいと言い出したが，参加していた他の子どもたちから，「最後まで一緒にやろうよ」と励まされた。自分より幼い子の面倒をみたことは，M子にとって友達的，弟的・妹的な存在とかかわる経験になった。このキャンプに最後まで参加できたことは，M子にとって大きな前進だったと思われる。

このように筆者のかかわりだけでなく，学生ボランティア，社会人ボランティア，他のクライエントといった，いわゆる人的資源との家族的な体験があったからこそ，M子の自立が進んだと考える。ファミリーとしての構造が，Tコミュニティ自体に内在化していたことも大きな要因である。

２．コミュニティ・アプローチの効用と限界

⑴ M子の心理的世界とTコミュニティ

詳細は割愛するが，まずM子の病理水準は神経症レベルであったと考えられる。そして母親は過保護・過干渉で，M子の自己表現を先回りすることで阻害していた。そのようななかで，M子は他人に対して自分をうまく表現できず，周囲が気になり，過度に緊張し，対人関係に問題を呈していた。M子は自信をなくし，不登校に追い込まれた。まじめにがんばる性格であったがゆえに，無理を重ねて適応してきたと考えられる。

M子は，Tコミュニティにかかわる前の４カ月間（X年６月～９月），退却，ひきこもりの状態が続いていた。それはエネルギーを満たす時期であったと考えられる。Tコミュニティとのかかわりは相談会への来談に始まり，次にスクール行事への参加，さらには療育グループへのボランティア参加というように，M子の内なるエネルギーも段階的に湧き上がってきた。

M子はスクール行事や療育グループのボランティアに参加して，母親がいない別の世界を体験した。M子はそういう世界があることを実感し，自分がその世界で生きていけることを知った。ボランティアの参加をきっかけに，福祉系大学に進みたいと思い，最終的には福祉系短期大学に合格，家を離れて下宿するという決断をした。このような自立の動きを支えたのが，Tコミュニティであった。Tコミュニティは，M子が生きる世界を持ち合わせていた。筆者は，これがコミュニティ・アプローチの真髄ではないかと考える。

⑵ Tコミュニティ側の限界

コミュニティ・アプローチは，医学的治療というパラダイムと異なり，社会人有志（地域住民）がかかわりをもちながら援助する方法であった。M子のように健康度の比較的高いクライエントには有効な援助の一つといえるだろう。しかし，このアプローチを一般化することは慎重でありたい。筆者は経験上，Tコミュニティでのアプローチは，心身症・神経症レベルまでの不登校に限って有効だと考えている。非行・退学タイプの不登校は，このアプローチに面白みを感じないようである。また，エネルギーが乏しく，退行の大きな人格障害を伴う不登校，あるいは統合失調症やうつ病など，精神病理の深い不登校は対人関係でつまずきやすい。いずれの場合も援助に乗りにくいため，まず個人心理療法による内面的なアプローチが先行されるべきであろう。

第二に，Tコミュニティの援助機能にうまく乗せていくには，きめ細かな対応が必要となる。したがって，コミュニティ臨床心理士は，個人心理療法やカウンセリングにも精通していることが重要といえる。また，精神病理の深いクライエントがTコミュニティの援助を求めてきた場合，学生や社会人のボランティアでは，クライエントに振り回されたり，互いに傷ついたりする危険性もありうる。

⑶ ボランティアとクライエントの相互性について

M子にとって，社会人ボランティアは叔父的・叔母的存在，学生ボランティアは兄的・姉的存在であった。また，社会人ボランティアにとってM子は姪的存在，学生ボランティアにとっては妹的な存在であった。そこには相互に転移・逆転移の関係があり，相互に影響し合っていたからこそ，M子は成長していったと考えられる。Tコミュニティという家族的な構造のなかで，M子はクライエントとしてボランティアをされる側から，自閉症児の療育グループでのボランティアをする側に成長した。そこには，支える・支えられるという，相互性があったと考えられる。

第３節　臨床心理地域援助における相互性

臨床心理地域援助の理論と技法は，コミュニティ心理学が基盤となっている。これまで，コミュニティ心理学の領域では，地域援助における支える人が支えられ，また支えられる人が支えるようになるといった相互性，さらにそれが連鎖していくといったことを述べた先行研究はあまりない。ここでは，心理学や他の分野において，相互性がどのように考えられているのかを概観し，前述した事例研究もふまえ，臨床心理地域援助における相互性を検討し，本論文で取り上げる傾聴ボランティアにおける相互性へと繋げていくこととする。

１．心理学における相互性

相互性に関連して，中田・串崎（2005）は，地域実践心理学を提唱している。地域実践心理学でいう「地域」は，専門家が援助の対象としてみる「コミュニティ」とは異なる。「私」と「あなた」という関係で生み出される「場」であり，また同じ市民として横からのまなざし，生活という視点，エンパワメント，ストレングスである（中田・串崎，2005）。それゆえ，地域実践心理学でいう「地域実践」は，「人と人との間に生まれる心理学」を指す（中田・串崎，2005）。「関係の相互性」の精神分析的理解としては，村井（2016）が「Freud, S. 以後，精神分析において治療関係の中の「関係の相互性」を重視するようになった。転移についての理解の深まりとともに，精神分析家達の関心を引くようになった」と説明している。現代精神分析の主たる学派が転移・逆転移と「関係の相互性」をどのように捉えているかについて，自我心理学，対象関係論，関係性精神分析の３つを概観している。また，他分野（哲学，社会学，比較行動学）における「関係の相互性」について参照し，そのうえで，精神分析的心理臨床の試論を述べている。転移・逆転移の関係は，治療者において援助を求める患者に極めて重要な無意識なコミュニケーションであると述べ，治療者はそのことに気づき，その理解を患者のこころに届ける必要があるとし（村井，2016），患者－治療者間の「関係の相互性」について考察している。

２．他分野における相互性

⑴ 哲学

哲学では，中村（1992）が相互性について次のように述べている。人間が生きていくうえで，他者との「関係の相互性」は極めて重要であるが，現代社会では残念ながら，人と人との「関係の相互性」は自明のこととして忘れ去られているか，軽んじられているか，あるいは見失われている。人間の絆にも触れない「心の空洞化」とも呼びうる現象の拡大は著しい。人と人の間柄についてみれば，情報社会の進展とIT革命の進行と相まって，人々の対面的コミュニケーションが衰退し，人と人をつなぐ共同性の絆は脆弱となりつつある（日本学術会議 哲学委員会 哲学の展望分科会，2010）。

入江（2002）は，ボランティア活動についての哲学研究について論じている。それによると，ボランティアに関する哲学研究の課題は多い。ボランティアの背景となった思想の歴史研究，ボランティアが出会う様々な倫理的問題に答えること，ボランティアを手がかりに自我論を考えること，また社会の第三のあり方を構想すること，そして自我論と社会論を結びつけること，すべてまだこれからである。しかし，それは研究者からも実践家からもすでに確実に始まっているとしている。入江（2002）のいう社会の第三のあり方を構想することとは，「近年活発になってきたボランティア活動を社会の中でどうい位置づけるか」という社会哲学の問題，これは「社会をどのように構想するか」という問題でもあり，さらにこの問題は「人間ないし自我をどのように理解するか」という問題と結びついている。「人間ないし自我をどのように理解するか」という問題は関係の相互性にも関連していると考えられる。哲学分野では，中村

(1992) は現代社会における人と人との関係の相互性の問題点を明確にしているといえよう。また，入江 (2002) のように，本研究で取り上げているボランティアを哲学から接近しようとしている点が興味深い。

⑵ 社会学

社会学では，相互性について盛んに語られている。Beck (1986)，Blumer (1969)，船津・山田・浅川 (2014)，Giddens (1993)，田中 (1996) らが述べているが，Beck (1986) の記述が最も包括的と思われる。Beck (1986) は，現代の「リスク社会」を乗り越えるために，経験世界・内的世界をもつ自己が他者との関係である社会性をもって形成される過程について，言葉で解明する必要があると問題提起し，個人の内的対象関係は他者や社会との関係を取り戻すための環境世界との相互作用が必要であると述べている。

Blumer (1969) は，当時の社会学からあまりに標準化されていないと排除されていた人間の経験に着目し（船津・宝月, 1995)，個人が生活している社会は独自の意味を付与された世界であって現実の世界とは区別する必要があり，人間と人間が作り出す社会は，活動的・流動的な相互作用から成り立っているとした。その現象をシンボリックに捉えようとしたGiddens (1993) もまた，社会学が人間の活動の中核となる自己意識をほとんど評価せず，当てにならないものとしてきたことを指摘し，自己を理解することと他者を理解することは不可分に相互の関係にあると述べている。

船津・山田・浅川 (2014) は，Blumer, H. やGiddens, A.の考えに影響を受け，人間の意味・内的世界が，他者との関係において形成されるものであり，その形成される過程を解明するこのとの重要性を説いた。田中 (1996) もまた，高度情報化，消費社会化，管理化の下での現代日本の豊かさの背後に，無機質化，没意味化，非人間化した社会関係を，自然界の階層性に中に，生きる主体としての「個人」があり，その「個人」が集団や社会の中で関係のアンサンブルを幾重にも奏でながら相互に影響しあうことの重要性を述べている。

⑶ 比較行動学

この分野では，特に霊長類の研究が盛んで，糸魚川（1988），南（1977），中道（1996），上原（2006），山極（2009）らの論文がある。南（1977）は，母ザルと隔離されて身体接触をもたずにいた子ザルは，社会性に欠損がみられ，新しい環境に適応する能力が低くなることを明らかにした。中道（1996）は，サル類の母子関係の論文から，長期にわたる縦断的観察で得られた「子育て」の姿を導き出している。母ザルから子ザルへの働きかけのみならず，子ザルから母ザルへの働きかけを含めて，母子関係の相互作用を理解していくことが重要であると指摘している。上原（2006）は，霊長類も人間も子ども期が長い生物であり，生命の誕生から，その維持と成長に他の個体や他者が必要であり，その関係の有無が個体の生存の決定要因となると述べている。

代表的なものとして霊長類研究者の山極（2009）の論文がある。山極（2009）は，コミュニケーションという個人同士でなされる相互交流は，遺伝的に私たち個人の中に受け継がれているからなされているというだけでなく，次世代の子どもたちがそれをまた行動として現わせるように働きかけることのできる刺激そのものを内包していると述べている。つまり，比較行動学では，相互性を社会性の基盤ともいうべき視点から捉えている。

⑷ 社会福祉学

臨床心理地域援助の接近領域ともいえる社会福祉学では，相互性をどのように捉えているのだろうか。大津（2009）は，援助者と利用者との関係について，心理療法における転移・逆転移を取り上げ，社会福祉学における援助者の自己覚知の重要性を述べている。黒田（2017）は，要介護者を対象とする生活型福祉施設において営まれるケアワークは，介助者から利用者への一方向的な支援ではなく，互いのかかわり，関係性に基づく相互作用的な営みであるとしている。細野（2016）も，介護は職員と高齢者の双方が，身体をそれぞれのやり方で動かすことで達成される相互行為と述べ，身体的なかかわりによって成り立つ介助行為の相互性について論じている。

⑸ 看護学

看護学ではケアリングの概念を援用して，関係の相互性を現象記述的に論じている。ケアリングの基本概念は，人間 対 人間の関係性を主軸に，ケアする人とケアされる人の相互関係によって，双方が成長していく関係性のことである（Milton Mayeroff, 1971）。

日本のケアリング研究として，佐藤（2010），佐藤他（2004）の論文がある。佐藤（2010）は，看護におけるケアリングは，「他領域の研究と同一の視点として，双方向性と相互成長，すなわち人間関係基盤」と述べている。佐藤他（2004）は，わが国におけるケアリングに関する研究の動向を述べたうえで概念分析を試み，今後のケアリング教育の方向性を検討している。ケアリングという言葉は，多くの様々な定義と理論的背景を有しているが，核心となるキーワードは，自己実現・成長と気遣い・共感・人間関係などであると述べている。また，実習指導場面において，ケアリングをどう教育するかという観点，指導者－学生間の人間関係を取り上げる研究に言及している。ここでは，相互性に関係の深い人間関係というキーワードがあがっている。看護学におけるケアリングの概念として，看護師－患者関係，指導者－学生のそれぞれの相互性という観点で捉える必要があろう。丹木（2016）は，ケアは自己と他者が互いに生を継続し更新していくための存在の交流であり，その行為は必ず生身の人間同士の相互的な接触の側面があると述べている。

３．臨床心理地域援助における相互性

心理学や他の分野（哲学，社会学，比較行動学，社会福祉，看護分野）における相互性の研究を概観してきた。哲学や社会学では，現代社会における自己と他者の関係の相互性の希薄さから関係のアンサンブルへと相互に影響し合うこと，比較行動学では，サルであろうと人間であろうと他の個体，他の人間が必要であること，そして心理学・社会福祉学・看護学では，援助者と対象者との関係性をいかに深めるかが重要であることを示唆している。

筆者は臨床心理地域援助における相互性を次のように考える。ボランティアという視点で，地域援助の対象となるクライエントあるいは地域住民は，ボラ

ンティアされる側ということになる。ボランティアされるということは，ボランティアする側が存在する。つまり支え・支えられるという相互性が成り立つのである。しかし，事例（第２章第１節・第２節参照）にもあったように，当初はボランティアに支えられていたが，いつしかボランティアの影響を受けて支える側となった。このように，支える人と支えられる人が交替しうる可能性を相互性と呼びたい。すなわち，人間関係の深まりは，相互性の時系列的な連鎖を生み，そのことが共生社会を形成していくと考えられる。共生社会が形成されることによって安心で安全なまちづくりが展開でき，ひいては精神的に豊かな日本社会の形成に寄与できると考える。このことについては，第６章で詳細を述べる。

第3章

傾聴ボランティアとその養成

第1節　傾聴ボランティアの始まり

相手の話にじっと耳を傾けることは，日常生活の中で人間関係を形成・維持するスキルの一つであり（Duncan, Bowman, Naidoo, Pillay, & Roos, 2007），カウンセリングの基本技法のひとつでもある（茨木, 2005）。傾聴とは相手の話を丁寧に，耳を傾けて，こころのひだまで聴いていく姿勢をいう（諸富, 2014）。傾聴ボランティアは，相手の話を傾聴的に聴くボランティアであり，また，相手に傾聴的にかかわる活動である（NPOホールファミリーケア協会, 2009）。

傾聴ボランティアは，単なる話し相手（聴き役）ボランティアとも異なる。話し相手ボランティアは利用者の話を聴き，利用者と言葉のキャッチボールをする。話し相手は自分の意見を言い，賛成や反対も表明できる。そこには，双方向のコミュニケーションがある。一方，傾聴ボランティアは精神を集中して，ただひたすら利用者の話に耳を傾ける。利用者の話に賛成するわけでも，反対するわけでもない。ただ肯定的に受け容れる。そのような受容的態度によって，利用者は受け容れられたと実感し，安心感をおぼえる。これが，傾聴ボランティアの目標である。

アメリカではシニア・ピア・カウンセリング（senior peer counseling）と呼ばれ，Evelyn Freemanがカリフォルニア州サンタモニカでトレーニングを始め，全米・カナダに広がっている（American Association of Senior Peer Counseling, 2015）。日本においては，元京都ノートルダム女子大学教授の村田久行が，高齢者の話を聴く傾聴ボランティアを各地で展開している（日本傾聴塾, 2006)。筆者は長年, 市町村の福祉課, 社会福祉協議会主催の傾聴ボランティア養成講座の講師として, その養成にかかわってきた。養成講座ではカウンセリング論・ボランティア論の講義, ロールプレイなどの演習, 高齢者施設で実習を行ったあと, ボランティア登録して活動を開始する。

傾聴は, コミュニティ心理学においては, コミュニティに入り, その土地に住む人々と信頼関係を築き, 彼らを理解する際の基本的コミュニケーション技能のひとつとして重要とされている (Duncan *et al.*, 2007)。対人援助においては, 傾聴は他者の存在の回復と支持という意味をもつ (村田, 1996)。傾聴してもらうこと (話し手側) の効果については, 慢性期の統合失調症患者 (荒木, 2001), 高齢者 (保科・中島, 2007; 保科・奥野, 2008), リーダーが部下を傾聴すること (塚元・八木, 2007) において, ポジティブな効果が報告されている。

また山口 (2005) によると, 孫が祖父母を傾聴するとき, 祖父母と同時に, 孫にも肯定的な効果があったという。このように, 傾聴は, 聴き手の側にもポジティブな効果をもたらす。野崎 (2006) によると, 大学生が高齢者の話に耳を傾けることで, 学生の高齢者イメージが変化し, ボランティアに楽しみを感じるようになった。目黒 (2008) も, 大学生が傾聴ボランティアを通してボランティアの必要性を感じるようになったと報告している。荒居 (2006) は, 傾聴ボランティアを行っている健康な高齢者は, 抑うつ感が低いことを報告している。

第2節　行政機関における傾聴ボランティアの養成

1. 背景

傾聴ボランティアは, 地域社会でどのような役割を担うのだろうか。例えば, 独居している高齢者や施設にいる高齢者の話し相手になることは, 彼らの抑うつを防止するのに役立つかもしれない。あるいは, 母親の育児に対する不安に耳を傾けることは, 子育て支援や児童虐待防止の施策として期待される。このような効用に注目した行政機関 (自治体の福祉課, 市町村社会福祉協議会) や民間団体は，健康な高齢者，退職した団塊の世代，主婦などを対象に，傾聴ボランティアを養成する講座（以下，養成講座と記す）を実施するようになった。

筆者は，その養成講座の講師を依頼されるようになった。平成18年4月から平成28年3月までの10年間に，11カ所の行政機関から，16件（入門編3件，初級編11件内3件のリピートを含む，中級編2件）の依頼があった。講座を実施するなかで，様々な検討課題，プログラム開発の課題が見えてきた。依頼を受けた当初（平成18年）は，受講者は講義を聴くだけで終わっていた。筆者は行関機関の担当者から，「養成講座をどのように実施してよいかわからない」と相談を受け，福祉施設での実習を導入した。一方，傾聴ボランティアを受け入れる施設側の職員からも，「どのように受け入れてよいかわからない」といった声を耳にした。本章では，このように，筆者が傾聴ボランティアを養成するなかで見えてきた課題を明らかにし，そのプログラムについて考察する。

2．傾聴ボランティア養成講座の概要

まず，筆者が行政機関と協働で実施してきた講座の概要を紹介する。

⑴ 傾聴ボランティア養成講座（初級編）

筆者に依頼があったのは，11カ所の行政機関（以下，11カ所の行政機関をA～Kと記す），11件の講座であった。A～K行政機関の養成講座実施状況を表3-1に表した。初期のA，B，C行政機関では2時間の講義のみを実施する講座（入門編）であった。筆者は，講義だけでは傾聴ボランティアについて充分に理解することはできないことを訴え，次期から実習を導入することを提案した。これが後に初級編へと発展した。

初級編は，1)事前学習 ⇒ 2)実習 ⇒ 3)事後学習（フォローアップ）という一連の流れ（第1章第2節3. 参照）で展開した。講座の受講定員は20名とした。F，G，K行政機関は定員以上の問い合わせがあったため26名で実施した一方で，E，I行政機関のように定員に達しない13名で実施したところもあった。

事前学習　事前学習は午前，午後の各2時間のセッションであった。午前中は，受講者の参加動機を確認し，ヴィジョン（講座を終えたときにどうなって

表3-1　各行政機関における養成講座の実施状況

		入門	初級	中級	中級フォローアップ	上級
A	A町社会福祉協議会	○				
B	B市社会福祉協議会	○				
C	C町社会福祉協議会	○				
D	D市社会福祉協議会		○※			
E	E町社会福祉協議会		○			
F	F町社会福祉協議会		○※			
G	G市社会福祉協議会		○※	○※	○	検討中
H	H市市民活動室		○			
I	I町社会福祉協議会		○			
J	J市福祉課	○	○	○	○	
K	K町社会福祉協議会		○			

※：２回実施

いたいのか）の明確化を図った。ボランティア実践論，カウンセリング実践論，そしてコミュニケーション論を講義した。午後は実習を想定したロールプレイ，構成的グループ・エンカウンターを導入し，実習に備えた。最後に，行政機関の担当者から実習先が配当され，実習日時，実習先，注意事項などの説明がされた。

実習　実習は，事前学習と事後学習の間の１カ月間に実施された。その間に受講者は２日もしくは３日，高齢者施設（特別養護老人ホーム，介護保健施設，ディサービス）へボランティア体験に出かけた。１日１回，３～４時間程度であった。

事後学習（フォローアップ）　事後学習は，受講者が実習を振り返り，体験を自分自身の内面に定着できるようにした。具体的には午前，午後の各２時間のなかで，受講者一人ひとりが体験を発表し，それに対して筆者が講師として指導・助言した。特に受講者が戸惑い，悩み，葛藤した体験を重要視し，受講者がそれを昇華し，継続できるように配慮した。最後に，行政機関から受講者に対してボランティア登録を依頼し，実習施設などで活動を継続するように促した。F，G行政機関のように，修了証を発行するところもあった。

⑵ 傾聴ボランティア養成講座の構成

講座の構成を表3-2に示した。入門編は，「ボランティアとは何か」について学ぶ講義形式の講座で，A，B行政機関のように半日（2時間），もしくはJ行政機関のように1日（午前2時間，午後2時間）で実施した。C行政機関では入門編を拡大したような講座で，2日間（1日：午前2時間，午後2時間）で，講義と疑似体験を実施した。

表3-2　傾聴ボランティア養成講座の構成

レベル	段階	養成講座の内容
Ⅰ	入門編	**ボランティア講座** 対象：地域住民／定員：40名／実施時間：1日2時間もしくは1日4時間／内容：「ボランティア」とは何かを学ぶ。講座の最後に「話し相手（聴き役）ボランティア」について解説
Ⅱ	初級編	**話し相手（聴き役）ボランティア養成講座初級** 対象：初級編修了者／定員：20名／実施期間：2～3カ月間／内容：①事前学習（1日）⇒ ②実習（高齢者ディサービス2日～3日）⇒ ③事後学習（フォローアップ体験の振り返り）
Ⅲ	中級編	**話し相手（聴き役）ボランティア養成講座中級** 対象：初級編修了者／定員：20名／実施期間：4～5カ月間／内容：①事前学習（1日）⇒ ②実習1（高齢者施設2日）⇒ ③事後学習1（フォローアップ）⇒ ④実習2（在宅高齢者宅2日，1回1時間）⇒ ⑤事後学習2
Ⅳ	**中級編フォローアップ研修** 対象：中級編修了者／定員：20名／実施期間：1年間／内容：修了者約20名を5～6名程度のグループに分け，行政機関，包括支援センターから依頼のあった在宅高齢者宅，または高齢者施設に各グループ間で調整をし，2人1組で話し相手（聴き役）ボランティアとして活動する。年3回程度フォローアップ研修を実施	
Ⅴ	上級編	**傾聴ボランティア養成講座（市民カウンセラー養成）** 対象：中級編フォローアップ研修修了者／定員：10名／実施期間：6カ月／内容：①在宅高齢者宅への傾聴活動。②高齢者支援，子育て支援などをテーマに講演会を企画立案し，終了後相談ブースを設け，地域住民の相談を受ける。または地域の福祉関連のイヴェントの参加し，相談ブースを設け，地域住民の相談を受ける。6カ月間に3回程度フォローアップを実施する。①，②を実践することによって，行政機関，施設，大学の3者が協議し，市民カウンセラーの資格認定をする

初級編は既述したとおりである。

中級編は初級編を発展させたもので，1)事前学習 ⇒ 2)実習（特別養護老人ホーム，老人保健施設において２日もしくは３日）⇒ 3)事後学習① ⇒ 4)実習（２回在宅高齢者を訪問する。１回１時間程度）⇒ 5)事後学習②という流れで，３～４カ月の期間で実施した。

J行政機関では，入門編，初級編，中級編と段階を踏んで実施した（図３-１参照)。中級編を修了した受講生20名が，中級編フォローアップ研修として行政機関にボランティア登録した。当時（平成21年）は，１グループ６～７名程度の３グループ編成で，グループ間で調整を行ったうえで，２人１組となって独居の高齢者の自宅に出向き，１年間活動を実施していた。その結果によって，上級編を実施するかどうかを検討することになっていたが，現在は中断している。

３．傾聴ボランティア養成講座に対する評価

上記のような傾聴ボランティア養成講座は，果たしてうまく機能しているのだろうか。その成果と課題を評価するべく，受講者と各行政機関に対して調査を実施した。

⑴ 調査対象者

上記（D, E, F, G, H, I, J の行政機関，なおD, F, G. は２回実施）初級編の受講者10件の206名，行政機関の担当者７名を対象とした。

⑵ 調査内容

次のような項目を調査した。

①受講者の参加動機

②受講者の取り組みの様子

③実習施設の課題・行政機関の課題

④成果

⑶ 結果と考察

①受講者の参加動機。206名中85名から，参加動機の自由記述を得た。それをKJ法によって，表３−３のように類型化した。その結果，ボランティアの初心者が，全体の44.56％と最も多かった。その他に，心理や福祉の専門職に就いている人もいた。受講者自身やその家族に，メンタルな問題を抱えている人もわずかであるがいた。

②受講者の取り組みの様子からも，ニーズが多様であることがうかがわれた。受講者のなかには，「傾聴について学びに来たのであって，ボランティアの話を聞きに来たわけではない」「ボランティアをするために来たのではない」と実習を拒否したり，事前学習の段階で来なくなったり，事前学習と事後学習だけに参加する人もいた。また，実習において，施設職員に対して「傾聴に来た

表３-３　受講者の類型化

類型化の大別	類型化（参加動機）	人数（％）
Ⅰ　社会貢献 54名（58.69％）	①ボランティア初心者（人の役に立ちたい）	41（44.56）
	②ボランティア経験者（経験はあるが，傾聴ボランティアに関心をもった）	13（14.13）
Ⅱ　専門職（スキルアップ）18名（19.57％）	③福祉職（利用者とのコミュニケーションの困難さを感じていて，役立てたい）	14（15.23）
	④心理職（専門的な知識と技術を高めたい）	4（4.32）
Ⅲ　自分のため 16名（17.39％）	⑤カウンセラー，カウンセリングへの興味（以前からカウンセラーになりたかった）	8（8.70）
	⑥日常生活に役立てたい（人の話が聴けないので，聴けるようになりたい）	6（6.52）
	⑦自己成長（自分自身をより以上に成長させたい）	2（2.17）
Ⅳ　心の問題を抱えている（講座への依存）4名（4.34％）	⑧自分自身が心の問題を抱えている（解決に役立てたい）	2（2.17）
	⑨身内が心の問題を抱えている（解決に役立てたい）	2（2.17）

のだから，他のことは手伝えません」と発言し，トラブルとなることもあった。

傾聴ボランティアは，基本的に対人援助ボランティア，すなわち「傾聴+ボランティア」である。あくまでも「ボランティア」が前提であり，「傾聴」をあえて前面に出す必要はないと考えている。まず，ボランティアについて実践的に学び，その後に傾聴がある。しかし，上記のように，受講者のなかには傾聴には強い興味をもつが，ボランティアにはまったく関心がない人もいた。彼らは，心理や福祉の専門職，あるいはカウンセラーやカウンセリングに興味や憧れをもっている場合が多く，傾聴を重んじて，ボランティアであることを軽視する傾向がみられる。

③実習施設の課題・行政機関の課題。実習は，行政機関が関連する高齢者施設などに依頼した。その受け入れ状況には差があった。受け入れの良い施設は，傾聴が必要あるいは適当と思われる利用者をあらかじめ想定し，受講者に紹介してくれた。受け入れの悪い施設は，施設職員に抵抗が感じられた。受講者が実習に訪れると，施設職員から誓約書に署名するように要求され，戸惑うこともあった。

行政機関は，ただ講座を実施することに追われる傾向があった。講座のヴィジョンや目的を明確にしていないようにも見受けられた。誰を対象に，何を達成したいのかを十分に議論する機会が必要だろう。継続性，発展性を考えている行政機関も少ないように思われた。講座を受講しただけで，実際に活動している修了者は少ない行政機関もあった。願わくば，行政機関の担当者も，傾聴ボランティアについて理解を深めることが望ましい。受講者のなかには，様々な気づきが生じ，それにより自己成長していく人もいる（第４章を参照）が，行政機関が講座のヴィジョンや目的を明確にもっていないと，単にスケジュールを消化するだけに終わってしまい，受講者の成長を阻んでしまう結果になりかねない。

④成果。成果の一例を紹介する。J行政機関の中級編の修了者20名は，３つのグループに分かれ，２人１組で，現在も地域包括支援センターで活動している。今後，上級編を実施するかどうかを検討しているところである。D行政機関では，行政機関の担当者が働きかけ，「傾聴の会」というグループで自主的

に活動している。ただし，フォローアップ体制は十分でないように見受けられる。F行政機関では，初級講座の修了者１名が実習施設で活動を継続し，行政機関の担当者がフォローしている。G行政機関でも，これから中級編を実施する予定である。

今後は，行政機関・実習施設・研究機関（大学）の三者が協働・連携することで，より質の高い講座を運営していく必要がある（図３-１）。

４．傾聴ボランティア養成講座の今後

行政機関が実施する養成講座では，地域社会でボランティアとして活動できる地域住民の育成が目的である。そのため，筆者は，入門編・初級編・中級編では，講座名から「傾聴」（というカウンセリングを思わせる用語）を外し，「話し相手」「聴き役」のように一般的な用語を用いたほうがよいと考えている。そうすることで，カウンセリングへの関心が高いあまり，ボランティアを拒否するような受講者を回避できるかもしれない（実際に，名称の改変を行政機関に提案し，筆者が現在かかわっている行政機関では，傾聴という名称は極力使っていない）。

中級編では，「話し相手（聴き役）ボランティア」として実習施設と高齢者の自宅とで実習する。そうすると，事後学習（フォローアップ）で，受講者は「喋りすぎてしまった」「自分の考えを押し付けようとした」「沈黙になったときに慌ててしまった」「利用者の方に生きていてもしょうがないといわれ，どう答えてよいのかわからなかった」など，自分自身の戸惑いや迷いを告白することが予想される。そこへ次のステップとして，「傾聴」を導入していく。つまり傾聴とは，相手の話にただ耳を傾け，判断なしに相手を受け容れることであり，沈黙の意味を感じ取り，それを深める姿勢であることを伝える。

このような，中級編の修了者を対象とした上級編で，初めて「傾聴」ボランティア養成講座を実施する。受講者は内面的に葛藤した体験があるからこそ，傾聴の重みを感じ取れる。この体験がないと，傾聴という用語をカウンセリングの知識として，あるいは表面的なものとして捉えてしまう。それでは傾聴ボランティアとしての役割を果たすことはできない。

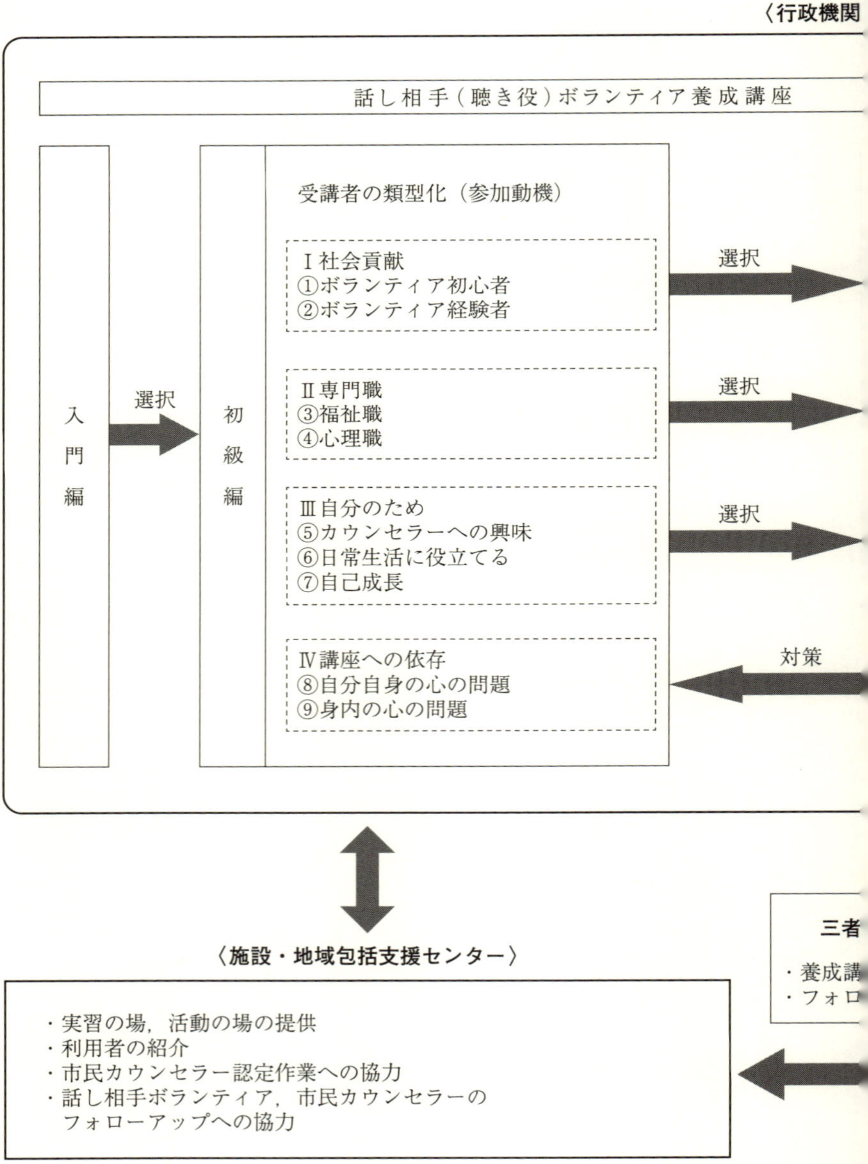
〈行政機関
話し相手（聴き役）ボランティア養成講座
入門編
選択
初級編
受講者の類型化（参加動機）
Ⅰ社会貢献
①ボランティア初心者
②ボランティア経験者
Ⅱ専門職
③福祉職
④心理職
Ⅲ自分のため
⑤カウンセラーへの興味
⑥日常生活に役立てる
⑦自己成長
Ⅳ講座への依存
⑧自分自身の心の問題
⑨身内の心の問題
選択
選択
選択
対策
〈施設・地域包括支援センター〉
・実習の場，活動の場の提供
・利用者の紹介
・市民カウンセラー認定作業への協力
・話し相手ボランティア，市民カウンセラーの
フォローアップへの協力
三者
・養成講
・フォロ

図３－１　養成講座の協働・

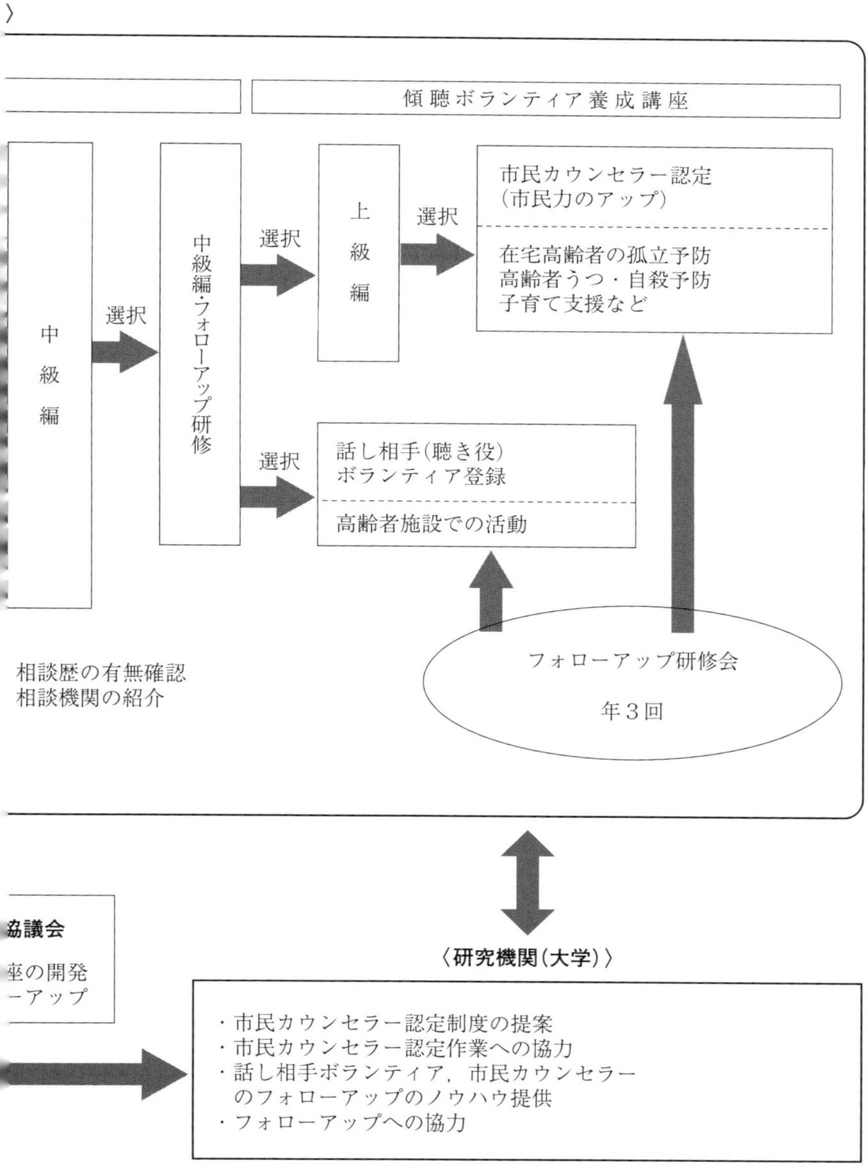
〉
傾聴ボランティア養成講座
中級編
選択
中級編・フォローアップ研修
選択
上級編
選択
市民カウンセラー認定
(市民力のアップ)
在宅高齢者の孤立予防
高齢者うつ・自殺予防
子育て支援など
選択
話し相手(聴き役)
ボランティア登録
高齢者施設での活動
相談歴の有無確認
相談機関の紹介
フォローアップ研修会
年3回
協議会
座の開発
ーアップ
〈研究機関(大学)〉
・市民カウンセラー認定制度の提案
・市民カウンセラー認定作業への協力
・話し相手ボランティア，市民カウンセラーのフォローアップのノウハウ提供
・フォローアップへの協力

連携システムの概念図

上級編は市民カウンセラーの養成として位置づけることもできる。この段階では，単なる「話し相手」「聴き役」ではなく，傾聴を主体としたカウンセラーとして活躍できると思われる。つまり，第一段階として「話し相手」（聴き役ボランティア），第二段階として「傾聴ボランティア」とステップを踏んでいくことで，ボランティアからカウンセラーへの移行も可能だろう。多様な人生経験をもつ地域住民が，実践的な学び（ボランティア）を経て，市民カウンセラーになるという制度があってもよいのではないだろうか。

行政機関が市民カウンセラーを認定し，地域包括支援センターなどの協力を得てフォローアップ体制を整え，活動をバックアップする。将来的には，市民カウンセラーに対して少々の報酬を考えてもよいのではないだろうか。それはそれほどのスキルをもってということである。最後に，行政機関はオープンシステムでなければならない。専門家であろうと素人であろうと，誰もが受講できることが肝要である。現在，行政機関が主催する養成講座の受講費用は無料か資料代程度である。一方，民間機関が主催する場合は，10〜20万円かかるところもある。筆者は，たとえ行政機関であっても，無料はあり得ないと考えている。受講費用の格差をどうするかも課題である。

第３節　大学における認定傾聴士の養成

1．背景

第２節で述べたように，傾聴ボランティア養成講座は各自治体で開設されている。そのほか，傾聴能力は民間機関によっても認定されている。例えば，NPO法人日本精神療法学会（2008）の「傾聴療法士」，学校法人日本放送協会学園・NHK学園（2011）の「コミュニケーション傾聴士」がある。本節では，大学が傾聴士の資格を独自に認定する制度を紹介し，その取り組みについて臨床心理地域援助の視点から考察したい。

大学が地域と連携して活動している実践事例として，澤・姫島・増田・田嶌（2016）がある。彼らは，「NPO法人九州大学こころそだちの相談室」の「創設期から現在に至るまでの活動経過に着目し，同法人の事業展開と運営の流れを整理して，臨床心理学的地域援助におけるその有効性と今後の課題について検討」を行った。また，安藤（1999a, 1999b）は，高等教育組織における新システムの「設計・立ち上げ・評価」に関して報告している。それによると，企業組織（よほどずぼらでない限り）は，「計画 ⇒ 実施 ⇒ 評価」を，年単位または半年（または四半期）単位で定期的にくりかえし，当該組織の管理運営やその有効性（effectiveness）をたえず確認している。しかし，「教育組織」についての評価は，一般的に未だ不十分とし，教育組織の発展のために内外の意見や支持を吸い上げる努力が必要であると述べている。

各大学が独自に資格を認定している例として，岩手大学「環境管理実務士」（岩手大学, 2009），岩手県立大学「コミュニティ・カウンセラー」（岩手県立大学, 2009; 一般社会人に対する認定資格），岐阜経済大学「岐阜県コミュニティ診断士」（岐阜経済大学, 2002; 岐阜県知事と岐阜経済大学学長の共同で学生・社会人に対して認定）がある。また，金沢工業大学大学院では，臨床心理学専攻の教員と大学院生が，野々市市民を対象に「市民カウンセラー養成講座」を実施している（松本他, 2015; 塩谷他, 2015; 山上他, 2015）。

ここで，筆者が勤務する同朋大学の「認定傾聴士」資格を紹介したい。同朋大学は1826年に開設され，現在は文学部（仏教学科，人文学科）と社会福祉学部（社会福祉学科）の２学部を有している。学校法人同朋学園グループの一つで，東本願寺（真宗大谷派）の系列として，同朋和敬（共なるいのちをいきる）を建学の精神としている（和木, 2002）。

認定傾聴士を設置した背景には，経済産業省（2006）の社会人基礎力の12項目のひとつとして，「傾聴力」が挙げられていることがある。社会人基礎力は，「職場や地域社会で多様な人々と仕事をしていくために必要な基礎的な力」であり，「前に踏み出す力」（主体性，働きかける力，実行力），「考え抜く力」（課題発見力，計画力，創造力），「チームで働く力」（発信力，傾聴力，柔軟性，状況把握力，規律性，ストレスコントロール力）の３つの能力（12の能力要素）から構成される（経済産業省, 2006）。もうひとつの背景として，大学の定員割れや経営基盤の悪化という問題があった（2016，文部科学省）。同朋大学においても，独自性を出して，定員を確保することが課題であった。

2．認定傾聴士の概要

そこで，2011年度入学生から，認定傾聴士のカリキュラムを開設し，2015年3月に認定傾聴士の第1号が誕生した（目黒・村上, 2013; 目黒, 2014, 2015）。

同朋大学が認定する傾聴士は，対象者の話に耳を傾け，対象者を受け容れ，対象者の話を促進し，また対象者が気持ちを整理できるように援助する。対応できないような問題を打ち明けてきた場合には，専門家につなぐ役割も果たす。

認定傾聴士のカリキュラムの開設するにあたっては，筆者が傾聴ボランティア養成講座にかかわってきた経験を最大限に生かした（本章第2節参照）。一方で，「ボランティアはあくまでボランティアである。ボランティアを資格化する発想はおかしい」という反対意見もあったが，経済産業省の傾聴力の話もあり，最終的に学内の合意を得られた。山本（1986）は，コミュニティ心理学者の役割について，①変革の促進者，②コンサルタント，③評価者，④システム・オルガナイザー，⑤参加的理論構成者の5つを挙げている。筆者は認定傾聴士の資格化を提案し，進めるなかで，変革の促進者の役割を果たしていたと考えられる。

認定傾聴士には一種と二種を設定した。一種は，社会福祉士，精神保健福祉士，介護福祉士の国家試験受験資格課程，保育士課程，教職課程，真宗大谷派教師課程のいずれかの専門分野の課程に追加して傾聴士科目を修得した者に与えられ，二種は，最も基本的な科目のみで認定する。

3．認定傾聴士のカリキュラム

認定傾聴士のカリキュラムの特徴は，知識を習得するだけではなく，実践を重視することにある。傾聴に関する科目は，「傾聴活動論」（講義），「傾聴実習指導」（演習），「傾聴実践実習」（実習）からなる。

「傾聴活動論」は3年次前期（2単位）の講義科目で，ボランティア論，カウンセリング論，コミュニケーション論を含む。全15回のうち1回は，傾聴ボランティアとして活動している2名と行政機関の担当者1名による講義とした。

「傾聴実習指導」は，事前学習と事後学習からなる演習科目である。事前学習は，受講学生の動機を確認し，ヴィジョン（実習を終えたときに自分自身がどうなっていたいのか）を明確にする。また，実習機関の担当者を招いて，利用者の様子などを聞き，実習を想定してロールプレイ，構成的グループ・エンカウンターを導入する。特に守秘義務については入念に学ぶ。事後学習は，体験報告会・フォローアップである。受講学生は実習を振り返り，一人ひとり体験を発表する。それに対して指導者は指導・助言する。特に受講学生の戸惑い，悩み，葛藤した体験を重要視し，受講学生が葛藤を昇華できるように配慮した。

「傾聴実践実習」は，学内実習と学外実習に分かれており，学内実習では学生同士で傾聴を練習し（３時間），地域の老人クラブを大学に招いて，高齢者の話を傾聴する。学外実習は１日４時間を10日間，高齢者施設（ディサービス）に出かけている。

資格の認定は，卒業単位を修得し，かつ上述の単位を取得している者に対して，面接試験を行って判定した。担当教員２名が学生１名ずつに，①「傾聴実践実習」で学んだことは何か，②傾聴士とはどのような資格だと思うか，③傾聴士の資格をどのように活用できると思うかを質問し，資格を授与するにあたっては，その学生が適任か否かを担当教員２名と学生の双方の合意によって確認する。

４．認定傾聴士の展開

認定傾聴士の展開を時系列にそって表３−４に示した。前半の第Ⅰ期・第Ⅱ期・第Ⅲ期では，学生に対する広報，実習施設の開拓を行った。声をかけた２施設のうち，１施設からは賛同を得られなかった。一方，快諾してくれた地域のディサービスセンターからは，「利用者は外へ出る機会が少ないので，大学を見学する機会を設けてもらえないか」という要望があった。そこで，学内見学，名古屋音楽大学の学生によるミニコンサート，学内にあるカフェでお茶を飲みながら高齢者の話を傾聴するという企画を立てた。これは，認定傾聴士を目指す学生にとって，傾聴を実践する良い機会となった。

表3-4　認定傾聴士の展開

経過区分	経過内容
第Ⅰ期 2010年12月～2011年３月	傾聴士誕生の広報活動 ⇒ 入試広報課を中心としたPR活動
第Ⅱ期 2011年１月～３月	実数施設の開拓 ⇒ 地域のディサービスセンターと実習契約
第Ⅲ期 2012年10月～現在	気軽に立ち寄れるボランティアサロン ⇒ 実習先からの提案で，実習先施設の利用者の大学見学，学生の傾聴練習の機会
第Ⅳ期 2013年４月～2015年２月以後毎年度実施	傾聴に関する科目の講義・演習の実施と確立 ⇒「傾聴活動論」（３年前期），「傾聴実習指導」（３年前期・後期）
第Ⅴ期 2014年７月～2015年１月以後毎年度実施	「傾聴実践実習」の実施と確立 ⇒ 学内実習（学生同士の傾聴練習，老人クラブの傾聴），学内実習（ディサービス）
第Ⅵ期 2015年１月以後毎年度実施	実習報告会の開催 ⇒ 体験報告とフォローアップ
第Ⅶ期 2015年１月～３月以後毎年度実施	資格の認定 ⇒ 所定の単位取得と面接試験
第Ⅷ期 2016年１月	他大学の同朋大学への訪問 ⇒ 傾聴士のしくみと制度の意見交換
第Ⅸ期 2016年３月以後毎年度実施	傾聴士のつどい ⇒ 資格取得後のフォローアップ，スキルアップ

第Ⅳ期から第Ⅶ期でカリキュラムを設置・運営し，資格の認定を行った。第Ⅷ期では，市民（社会人）を対象に市民カウンセラーを養成している大学の担当教員２名と事務職員１名の訪問を受けた。今後，学生など若年層を対象にした傾聴のプログラムを計画しているようで，認定傾聴士のカリキュラムと制度に関する意見交換を行った。

第Ⅸ期では，フォローアップとして，１年後に「傾聴士のつどい」を実施した。学務課担当事務が資格所持者に案内文を送付し，出席を求めるという，強制力のあるものであった。やむをえず欠席する場合はレポート（１年間に傾聴士資格がどのように活用されたか）の提出を求めた。

表３-５　認定心理士・傾聴士資格課程履修者，資格認定者数（社会福祉学部）

入学年度		2011年度	2012年度	2013年度	2014年度	2015年度	2016年度
卒業年月		2015年３月	2016年３月	2017年３月	2018年３月	2019年３月	2020年３月
入学時学生数		175	171	192	182	139	169
認定心理士	履修者数	10	20	26	34	19	27
	認定者数	8	13	15	20	12	
傾聴士	履修者数	10	10	15	12	6	9
	認定者数	8	7	10	10	6	

社会福祉学部の１学年の入学定員は，190名である。
傾聴士の履修者数と認定数は，一種，二種の合計である。

2011年度生から現在までの傾聴士資格課程履修者，資格認定者数を表３-５に示した。

５．認定傾聴士の意義と課題

大学独自の認定といえ，学内の活動のみで構築できたわけではない。実習機関の担当職員や高齢者，地域の老人クラブ，すでに活躍している傾聴ボランティアなど，多くの力によって支えられた。このことに関連して，「広く地域の人々がどう参画できるかを含めて」考えるという，地域実践心理学（中田・串崎, 2005）を参考にした。

まず，気軽に立ち寄れるボランティアサロンでは，月に１回，ディサービスの高齢者が大学を見学に来る。高齢者たちは毎回楽しみにしているとのことである。高齢者の中には，学生と顔馴染みになった人もいる。学内実習では，地域の老人クラブに傾聴の練習相手として協力してもらっている。高齢者たちは学生に話を聴いてもらうことで，「孫と同じ世代であるが，孫がどのようなことを思っているかがわかった」「元気がもらえた」「若返った」と感じている。

すでに活躍している傾聴ボランティアも，学生たちに講義することによって，

	誕生期	開拓期		実践期			展開期		
期	第Ⅰ期	第Ⅱ期	第Ⅲ期	第Ⅳ期	第Ⅴ期	第Ⅵ期	第Ⅶ期	第Ⅷ期	第Ⅸ期
経過	傾聴士の誕生と広報活動	実習施設の開拓	気軽に立ち寄れるボランティアサロン	傾聴活動論・傾聴実習指導の講義・演習の実施	傾聴実践実習の実施	実習報告会	資格の認定	他大学の同朋大学訪問	傾聴士のつどい
学内の活動	入試広報課[広報活動]			講義，実習指導のシラバス作成・実施	[学内実習]①学生同士の傾聴練習 ②地域の老人クラブとの連携（傾聴練習）	①傾聴体験報告 ②実習のフォローアップ	①修得単位の確認 ②面接試験の実施		資格取得者 ①フォローアップ ②スキルアップ
	傾聴士の養成								
地域・外部機関との連携			[実習機関と大学の連携強化] 実習先高齢者の大学見学	[学外講師]①実習機関の担当者の講義 ②Ｉ社会福祉協議会・傾聴ボランティアの講義	[学外実習]実習機関の高齢者・職員			[他大学関係者との意見交換・情報交換] 他大学の教員・職員	

図３−２　認定傾聴士の展開

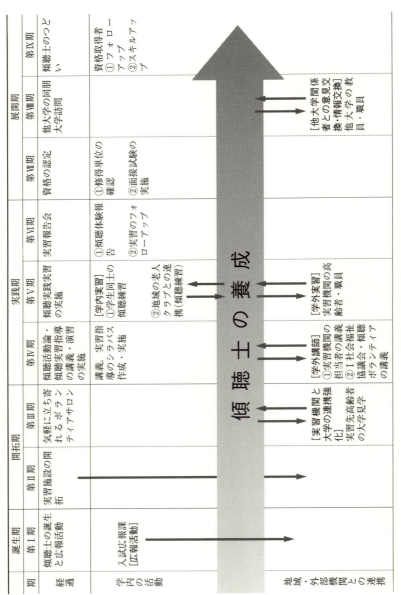

「これまで自分たちが何をしてきたかを振り返ることができた」「これまでやってきたことが整理できた」「学生さんに講義することによって，自分のスキルアップになった」などと感じるようである。これらのことから，認定傾聴士の養成は，単に学生たちだけでなく，地域の多くの人々にも役立っていると考えられる。つまり，学生たちと地域の人々の相互作用によって，傾聴士は育ってきたと思われる。

次のステップをどうするかが課題である。傾聴（特種）などの名称で，さらに上級の資格を考えるか，二種を取得した者はどのように一種に移行できるのかについても，未検討である。また，フォローアップ・システムも課題である。自立して活動し始めた認定傾聴士が，「傾聴士のつどい」を通して，後輩の傾聴士を育てるという循環を構築することが目標である。

反面，認定傾聴士が，本来の意味合いをはき違えることも起こってくるであろう。資格化による弊害も予測しておかなければならない。このような場合，大学と有資格者が十分に話し合う機会を設ける必要があるだろう。これらの課題を達成していくなかで，認定傾聴士は，今後ますます社会的な要請に応えていくと予想される。

第4章
傾聴ボランティア経験が自己成長に与える効果

第1節　傾聴ボランティア経験は傾聴感をどう変えるか
――特に「傾聴できた（聴けた）感」の検討

1．問題と目的

傾聴してもらうこと（話し手）の効果は，村田（1996），荒木（2001），塚元・八木（2007），高井（2009）などで検証されている。一方，傾聴は，傾聴する側（聴き手）にも良い変化をもたらす（山口, 2005; 野崎, 2006; 目黒, 2008）。山口は，学生が自分の祖父母の話を傾聴することのプラス面とマイナス面を報告している。野崎は，聴き手である学生の高齢者に対するイメージが変化し，それをきっかけに感情豊かなコミュニケーションになることで高齢者の自己開示が促され，学生にも楽しみをもたらしたと述べている。そして荒居（2006）は，健康な高齢者の傾聴ボランティアは，健康度が比較的高く，抑うつ感が低いことなどを報告している。

これまで，聴き手の傾聴感に焦点を当てた研究はあまり見られない。傾聴感とは，傾聴とはどういうことかという認識，「傾聴できた」という状態に関する認識，さらに聴き手の「傾聴できた」という実感を指す。そこで，本章では，筆者がかかわった傾聴ボランティア養成講座の受講者に，「傾聴できた」と感じた場面を自由記述してもらうことで，これらを明らかにする。

２．方法

⑴ 調査対象者

平成20年度にD行政機関（初級編）を終了した17名，平成20年度・平成21年度にG行政機関（初級編）を終了した31名を対象とした。年齢は20歳から70歳まであった。回答者数は46名で，回収率95.74％であった。

⑵ 調査内容

事後学習（フォローアップ）の開始前に，次のような質問紙を配布した。四者択一式の質問と，自由記述式の質問で構成した。

⑴傾聴とはどのようなことだと思いますか？（自由記述）
⑵実践の中で，あなた自身が「傾聴できた」と感じられる場面がありましたか？（①あった　②まあまああった　③あまりなかった　④なかった）
⑶質問⑵で，「①あった」，「②まあまああった」と答えた方は，それはどのような場面でしたか？　具体的に書いてください（自由記述）。
⑷質問⑵で，「③あまりなかった」，「④なかった」と答えた方は，それはどうしてそのように思ったのですか？　具体的に書いてください（自由記述）。

３．結果

質問⑴の内容を，橋本（2015），村上・山崎（2015）にならって，KJ法（川喜田, 1967）で８つのカテゴリーに分類した。KJ法は３名（筆者，臨床心理学専攻の教員，傾聴ボランティアの経験者）で実施した。経験者には，現状をよく理解している調査対象者から１名に参加してもらった。KJ法の分析の詳細は以下のとおりである。

①調査協力者の自由記述の回答を切片化して，個別カードを作成した。１文ずつの長さを基本としたが，傾聴ボランティア活動中の出来事などの描写は，そのまま使用した場合もある。また，１文中に複数の内容が含まれている場合は，分けてカードを作成した。

表4-1　傾聴の理解（質問(1)）

相手の話に耳を傾け，聴くこと（13）
・相手の話に耳を傾ける（２） ・人の話を聴くこと（２） ・耳を傾け相手の話をよく聴くこと ・耳をかたむけて人の話を聞く，相手の話を聴く， ・心を開いて話を聞くこと，静かに ・相手のことに耳をかたむけて聞く ・受け入れて聞く（耳を傾ける） ・相手の話をよく聞いて ・集中して相手の話を聞く ・心，耳を傾ける ・相手の話を聞く，耳を傾ける
相手の気持ちに耳を傾け，聴くこと（10）
・相手の気持ちを考えながらお話を聞く ・相手の気持ちを考えながら静かにやさしく笑顔で話を（耳をかたむける）聞くこと ・相手の気持ちを受けとめ，お話に耳を傾ける ・聴いて欲しいと思っている利用者の思いを聴いてそのまま受容すること ・相手の気持ちを理解して聞く ・相手の気持ちにより添い真剣に耳を傾けること ・相手の事を考えその言葉に耳を傾ける ・心をこめて聞くこと，相手の気持ちを察して ・相手の気持ちを受け入れる（話を聞いてあげる） ・相手の話したい気持ちに耳をかたむける
精神的なコミュニケーション（10）
・相手と心が通じ合うこと， ・相手から喜びを感じられ自分もうれしい気持ちになること ・自分自身も楽しくなること，やさしくなること ・安心感と生きる喜びを感じてもらう ・心も身もとなりに居る事 ・ゆったりした気分で ・相手を思いやる気持 ・その人を受け入れること ・相手の気持ちを受けとめる ・思いやりの心で接すればいいのかなと思いました。
コミュニケーション技術（6）
・自分から余り話を率先してしない ・お話をしたり，お話を聞いたりすること ・相手の話したい事を引き出す ・聞き上手 ・話し相手の気持ちが自然に出るような聞き上手であること ・話し相手になること

相手の心に耳を傾けること（2）
・相手の心に耳を傾けること ・その人の心に耳を傾けること
共感すること（2）
・共感 ・相手の話を共感しながら聞くこと
その他（6）
・他者を「私」はどのように受けとめることができるのか，自分の生き方が知らされること ・なかなかむずかしい ・人々に共通するもの ・お話 ・自分自身を見つめ直す（傾聴ボランティア自身が） ・健康長寿へのお手伝い
無回答（2）

記述内容は調査対象者の記述のままである。

②作成したカードを分類した。まず，筆者が同じ内容を表しているカードごとにグルーピングし，他の２名との合意が成立するまで繰り返した。最終的なグループに内容を表すラベルを作成した。

③筆者と他の２名で，ラベルを付与したグループ（カテゴリー）の配置を検討した。筆者と他の２名で，カテゴリー間の過程を検討した。

④最後に，コミュニティ心理学を専門としない，KJ法に精通している教員１名が，カテゴリーが恣意的解釈でないことを確認した。

結果を表４−１に示す。「相手の話に耳を傾け，聴くこと（13件）」「相手の気持ちに耳を傾け，聴くこと（10件）」「精神的なコミュニケーション（10件）」「コミュニケーション技能（６件）」「相手の心に耳を傾けること（２件）」「共感すること（２件）」「その他（６件）」であった

質問⑵の結果は，①あった11（23.91%），②まあまあ あった33（71.74%），③あまりなかった２（4.35%），④なかった０（０%）であった。質問⑶の結果を表４−２に示した。「気持ちを言動・行動・表情で表現してくれた場面（16件）」「過去の話をしてくれた場面（12件）」「コミュニケーションが図れたと感じられた場面（12件）」「家族について話してくれた場面（５件）」「その他（４）」

表4-2　傾聴感が生じた場面（質問⑶）

気持ちを言動・行動・表情で表現してくれた場面（16）

・喜んで頂けた
・相手の笑顔が見えた時
・認知症の方で私は「何もわからんの，家もわからんの」とおっしゃるので，「大丈夫よ，ここでみんなと一緒にいるのだから」と安心していただき，ホットされる様子を見たこと
・何事にも感謝の気持ち
・日々にありがとう
・手を握って下さって，「ありがとう，話を聞いてもらうだけでいいんだよ」って言って下さった
・「また来てね」と言われた時
・悲しいことなど沢山お話をしてくださりました
・手を握ってお話をしてくれた時
・笑顔がかえってきた
・相手の方がこちらに興味を持ってくれ，ニコッと笑って話された時
・相手の方に喜んでもらえたと思う（表情から察して）
・施設に初めて見えた方が不安で私と同じ気持ちだったのかいろいろ話をしていただけたのでよかったと思います
・辛かった，悔しかったという所で涙が互いに出た。その後２人共無言（これが傾聴，共感できた事と感じた）
・実習施設のことを「ありがたいね」とおっしゃっていた
・一緒に話をできたことをとても喜んでもらえた事

過去の話をしてくれた場面（12）

・利用者の生い立ちをしんけんに話された時
・昔の話などしてくださった時
・人生の体験談
・自分の若い頃のことを一生懸命に説明し，仕事ぶり，生活を満足気に話してくださった
・昔の事を目を輝かせて話してもらった時
・盲目の方が若い頃の苦労（子育てなど）話をして下さった時
・昔の話をしたりすること
・92歳のおばあさんが若い時の話しを熱心に私に聴かせてくれました
・高齢になりこの土地に来て２年とおっしゃる方がみえ，故郷（九州の方）の話をされるがまわりの方と話が通じず，たまたま私の知っている土地で話が盛り上がった時
・老人が自分自身の体験を自然と話し出してくれた事（祭りの思い出等）
・相手が自分の不幸（主人の死）などについて話された際
・プライドの高い男性の自慢話をほんの一端でも聞いてあげられた

コミュニケーションが図れたと感じられた場面（12）

・住所と名前を聞かれて，ああ～とそこから話がどんどん広がって行ったように思います
・打ちとけて話しをしてもらえた
・訪問先でいつもは話ができなかった方とお話できたこと

・相手の方の話を聞いている内にお互いに共鳴しあえるような事を学びました
・話が通じた
・話している内容を頭の中で描けた
・共通の話題に話がはずむ
・ほとんど対面でしたので二日間とも会話として成り立ったと思います。
・ただ黙って聞いているのではなく，話の中で，一つ答え，それに対して更に聞くと話の広がりがあった
・相手の個人的な事も色々話も聞けた
・相手の話が聞けた（少しは）
・利用者の方の話を聞く事が出来た

家族について話してくれた場面（5）

・家族のあり方
・近所の自分の家族
・自分の家族のこと
・家庭の話しにくい内容を話された
・家の話を少しだけ共感しながら相づちを打てた場面で少しだけですが聞けたこと

その他（4）

・自分を見つめ直す（傾聴ボランティア自身が）
・相手の方が一生懸命考えて私と遊ぶことを実行してくれた時
・ベッド上ですが，身の上話をしていただいた
・初対面の方である

無回答（2）

記述内容は調査対象者の記述のままである。

であった。質問⑷の傾聴感が生じなかった理由については，２名から「あまりにも期待が大きくて自分自身にプレッシャーがかかってしまった」「相手から話してくださることが少なかったので」という意見があった。

４．考察

受講者の多くは，傾聴を「相手の話に耳を傾け，聴くこと」「相手の気持ちに耳を傾け，聴くこと」「精神的なコミュニケーション」と認識していた（表４−１）。「相手の話に耳・気持ち・心を傾け，聴くこと。また，相手との間に精神的なコミュニケーションが生じ，相手を受容すること」といえ，これを図示すると図４−１のようになる。

受講者のなかには，「相手の心に耳を傾けること」「共感すること」と，聴くだけではなく，もう一歩深まった傾聴を体験した人もいた。河合（1976）は，

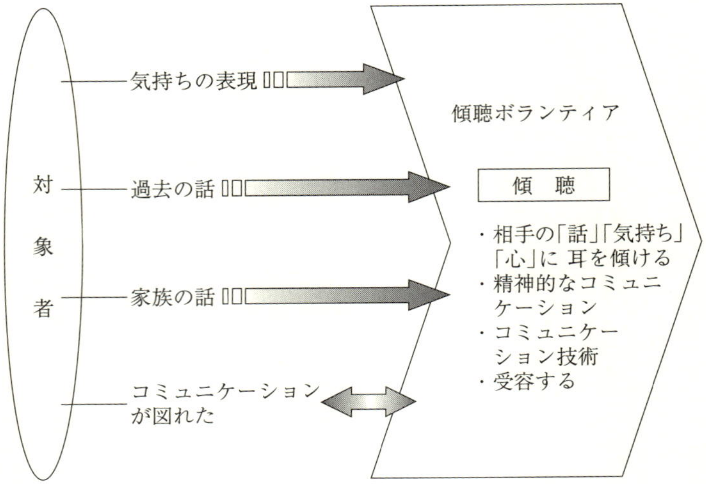

図４－１　傾聴感の構造

「共感的理解というのは，その人のされたことと，私のしたことがよく似ていて共感できるのではなくて，その人のしたことと，私の体験とは相当違うのだが，あるいは，違うが故に，その体験を共通に感じ合おうとしてこそ，２人は深い理解に至るといってよいかもしれません」と述べている。

傾聴に関連して，ロジャーズは，「旧い方法」ではなく「新しい方法」として非指示的アプローチを提示している。それはリフレクションを含む非指示的応答で，命令や禁止，勧告，元気づけ，励まし，カタルシス，助言，知性化された解釈ではない応答を意味している（河崎・池見, 2014）。リフレクションという応答は「伝え返し」と一部では訳されているが，ロジャーズは「理解の確認」あるいは「知覚の確認」としている。ロジャーズはクライエントの言ったことを反射しようと思ったのではなく，「私は，あなたの話を聴いていて，次のように理解しました。それであっているでしょうか？」というように応答する。また「あなたは途中から悲しそうな顔をしたように見えたのですが（知覚），それはあっているでしょうか？」というように応答していたのである（Slack, S, 1985）。つまり，クライエントが言ったことではなく，カウンセラーが理解したことを言うのである。

次に，傾聴ボランティアに傾聴感が生じた場面として，「気持ちを言動・行動・表情で表現してくれた場面」「過去の話をしてくれた場面」「コミュニケーションが図れたと感じられた場面」「家族について話してくれた場面」が挙がっていた（表4－2）。相手の気持ちを感じとるためには，傾聴ボランティアに，ある程度の人生経験を必要とするだろう。

次に，学生のデータではあるが，今度は逆に話し手が傾聴者に「聴いてもらえた感」はどうなっているのであろうか。この点については第2節で検討する。

さらに，1件のみではあるが，「自分を見つめ直す（傾聴ボランティア自身が)」という意見もあった。これは，傾聴ボランティア自身の内的な変化を示唆している。もし，傾聴経験がボランティア自身の深まりにつながるのであれば，さらにデータを追加することも必要と考えられる。第3節では，この点を検証する。

第2節　傾聴ボランティア経験は傾聴感をどう変えるか ――特に「聴いてもらえた感」の検討

1．問題と目的

第1節では，傾聴感，特に傾聴者の「聴けた感」について検討した。ここでは，傾聴感，特に話し手の「聴いてもらえた感」について検討することにする。

ところで，カウンセリングというとロジャーズのパーソンセンタード・アプローチ（person-centered approach : PCA）を指すといっても過言ではないであろう。ロジャーズによって，初めは非指示的療法と呼ばれ，次にクライエント中心療法という名称に変更され，そして最後にパーソンセンタード・アプローチとされた経緯がある（河﨑, 2015）。

近年，西欧のパーソン・センタード・セラピー（person-centered therapy : PCT）は，認知行動療法の独占によって脇に追いやられている。わが国では，現在は，そのような状況にはないが，近い将来そのようになる可能性が十分にある。また，日本のPCTのセラピストにとってもう一つの脅威は「ただ話を聴くだけ」と他職種に認知されている（中田，2014）ことにある。このようなことから，傾聴とはどのようなことなのか，その実態を明らかにする必要性に迫られている。

臨床心理士等の心理カウンセラーを目指す者は，第一段階としてロジャーズ流のカウンセリング（PCA）を学び，第二段階で認知行動療法をはじめ各種心理療法への関心を広げることが一般的であろう。そして，第三段階として，筆者は今日的状況を鑑み，PCAを再考し，回帰する必要性があるのでないかと考える。

これまで，傾聴に関連する研究は様々なされている。

村松・野中（2012）は対話場面における非言語的情報としての聴き手の表情の有無が，話し手の気分の変化，「聴いてもらえた」満足感および聴き手に対する印象及ぼす影響について，話し手の性格との関連で考察している。結果として，基調となる気分によって非言語的な変数としての表情の効果が異なる可能性が推測された。

玉里（2013）は，社会復帰途上にある慢性統合失調症患者にとって，看護師が傾聴することの意義とその様相について明らかにしている。結果として，看護師の傾聴の仕方によって，患者の意思表示を可能にし，患者の自己成長のきっかけに繋がることが示唆された。

上手な傾聴とは，話し手と聴き手が同じ気持ちになり，話し手と聴き手に同じような時間が流れることを意味するだろう。うまく傾聴できたペアほど，二人の主観的時間評価の差が小さくなるかどうかを検討した。男性ペアは主観的時間の差が大きくなった。女性ペアは差が小さかった（目黒・串崎，2015）。

そこで，本節では，傾聴感でも特に「聴いてもらえた感」について検討する。同朋大学の独自認定資格である「認定傾聴士」養成過程で，学生が「傾聴活動論」「傾聴実習指導」の授業において傾聴練習を行い，どのように「聴いてもらえた感」を体感しているのかを検討し，傾聴の実態を明らかにすることを目的とする。なお，認定傾聴士資格取得の概要については，第３章第３節２．および３．を参照されたい。

２．研究方法

⑴ 調査目的

学生が傾聴感，特に聴いてもらえた感をどのように捉えているのか。

⑵ 調査方法

「傾聴活動論」「傾聴実習指導」の授業内で実施した傾聴練習の記述内容から検討する。学生２人ペアとなって「聴き手」と「話し手」を交互に体験し，それぞれ「聴けた感」と「聴いてもらえた感」を記述する。

⑶ 調査期間

2014年４月中旬～2016年７月下旬

⑷ 調査場所

同朋大学教室

⑸ 調査対象者

「傾聴活動論」「傾聴実習指導」受講者32名［(文学部３・４年生６名，社会福祉学部３・４年生26名)，(男14名，女18名)］であった。

⑹ 調査手続き

傾聴練習後に「聴いてもらえた感」の体感を自由記述質問紙に記述してもらい，回収した。

⑺ 倫理的配慮

学生には，研究目的を説明し，匿名で調査内容を使用することで了解を得た。

3．研究結果

KJ法（川喜田, 1967）を用い，橋本（2015），村上・山崎（2015）にならって分析した。KJ法は３人（筆者，臨床心理学専攻の教員，大学院生の傾聴ボランティア経験者）で実施した。

まず，学生から回収した自由記述質問用紙から「聴いてもらえた感」の記述内容を示すラベルを付与した。次に，類似の現象を示すラベルをグルーピングし，カテゴリー化した。

その詳細は以下のとおりであった。

①調査協力者の回答を切片化して，125の個別カードを作成した。１文ずつの長さを基本としたが，傾聴練習中の出来事などの描写は，そのまま使用した場合もある。また，１文中に複数の内容が含まれている場合は，分けてカードを作成した。

②作成したカードを分類した。まず，筆者が同じ内容を表しているとカードごとにグルーピングし，他の２名と合意が成立するまで繰り返した。最終的なグループに内容を表すラベルを作成した。

③筆者と他の１名で，ラベルを付与したグループ（カテゴリー）の配置を検討した。

④筆者と他の２名で，カテゴリー間の過程を検討した。

⑤最後に，心理学を専門としない，KJ法に精通している教員１名が，カテゴリーが恣意的解釈でないことを確認した。

「聴いてもらえた感」の記述から該当する125のラベルを抽出することができた。また，それを分類し，５つのカテゴリーと14のサブカテゴリーに集約した。カテゴリー及び記述内容の切片（ラベル）を表４−３に示す。なお，各カテゴリー，各サブカテゴリーは量的な比較検討をするために件数も示した。切片化したラベルは代表例を挙げた。さらに結果を図式化して図４−２に示した。

５つのカテゴリーは，〈聴き手の非言語的な応答的態度〉〈聴き手の言語的な応答的態度〉〈聴き手の受容的な態度〉〈聴き手・話し手の双方の共感的理解〉〈話し手の内的変容〉で構成されている。また，14のサブカテゴリーは［相槌］

表４-３　KJ法に聴いてもらえた感の分析結果

カテゴリー	サブカテゴリー	ラベルの代表例
聴き手の非言語的な応答的態度(69)	相槌（21）	・相槌を打ってもらったとき（17） ・相槌などで自分が話したかったことを引き出してもらえたとき（２）　他
	頷き（17）	・うなずいてくれたとき（13） ・「ああー」といううなずき（２）　他
	目線が合う（16）	・目をあわせてくれたとき（５） ・目を見て聴いてもらえた（３） ・目を見て静かに聴いてもらっているとき（１）　他
	聴き手の肯定的な表情(15)	・聴き手の表情がやわらかいとき（４） ・話に対して表情も私と同じ気持ちの表情になってくれたとき（３） ・聴き手が笑ってくれている（２） ・優しいまなざしで聞いてくれたとき（１）　他
聴き手の言語的な応答的態度(25)	聴き手の返し（10）	・言葉を返してくれたとき（２） ・会話で返答があったとき（２）　他
	聴き手が話し手に質問をしてくれたとき（９）	・質問をしてもらえたとき（４） ・相手が自分に対して質問を返してくれたとき（１）　他
	聴き手が話し手に感想・意見を言ってくれたとき（３）	・感想を言ってくれたとき（１） ・聴き手の意見を聞けたとき（１）　他
	聴き手が話し手の名前を呼んだとき（３）	・名前を呼んでもらえたとき（１） ・相手が自分の名前を呼んでくれたとき（１）　他
聴き手の受容的な態度（16）	聴き手の話し手への配慮（９）	・相手が体の向きを自分の方に向けてくれたとき（１） ・口をはさまずに，私が話し続けるのを黙ってきいてくれた（１） ・少し黙って（沈黙）も待っていてくれたとき（１） ・聴き手がこちらのペースに合わせてくれたとき（１）　他
	聴き手が話し手の話の内容を理解してくれたとき（７）	・（聴き手が話し手の）思いや考えを理解してくれたとき（４） ・話したことをちゃんと理解してくれた上でアドバイスをくれたとき（１） ・話が伝わったと思われるとき（１）　他

聴き手・話し手の双方の共感的理解（12）	聴き手の共感（10）	・相手が話に共感してくれたとき（10）他
	話し手の共感（２）	・似たようなことがあると（聴き手が）話してくれて共感できた（１） ・同じ反応があったとき（１）
話し手の内的変容（３）	話し手の会話意欲の増幅（２）	・自分からもっと話したいと感じたとき（１） ・どんどん話が浮かんできたとき（１）
	話し手の気づき（１）	・聴いてもらえつつ，話している最中に「気付き」があった（１）

ラベルの代表例は調査対象者の記述のままである。

［頷き］［目線が合う］［聴き手の肯定的な表情］［聴き手の返し］［聴き手が話し手に質問をしてくれたとき］［聴き手が話し手に感想・意見を言ってくれたとき］［聴き手が話し手の名前を呼んだとき］［聴き手の話し手への配慮］［聴き手が話し手の話の内容を理解してくれたとき］［聴き手の共感］［話し手の共感］［話し手の会話意欲の増幅］［話し手の気づき］で構成されている。

カテゴリーにおいて〈聴き手の非言語的な応答的態度〉は69件と最も多く，「聴いてもらえた感」の中心をなしている。また，〈聴き手・話し手の双方の共感的理解〉12件，〈話し手の内的変容〉３件とあるように，聴き手と話し手の双方の共感や話し手の内面の変化も「聴いてもらえた感」に含まれていることが特徴的である。

４．考察

⑴「聴いてもらえた感」の特徴

カテゴリーにおいて〈聴き手の非言語的な態度〉が69件と過半数以上を占めていることから，聴いてもらえた感は，聴き手の言語的な応答よりもサブカテゴリーにも見られるような［相槌］［頷き］［目線が合う］［聴き手の肯定的な表情］のような非言語的な応答の方が高まることがわかる。このことに関連して，非言語的なものとして身体動作に着目した研究がある。うまくいった面接ではカウンセラーとクライエントの身体動作が同調していること（小森・長岡，2010）が報告されている。カウンセラーとクライエントの動作が同調する

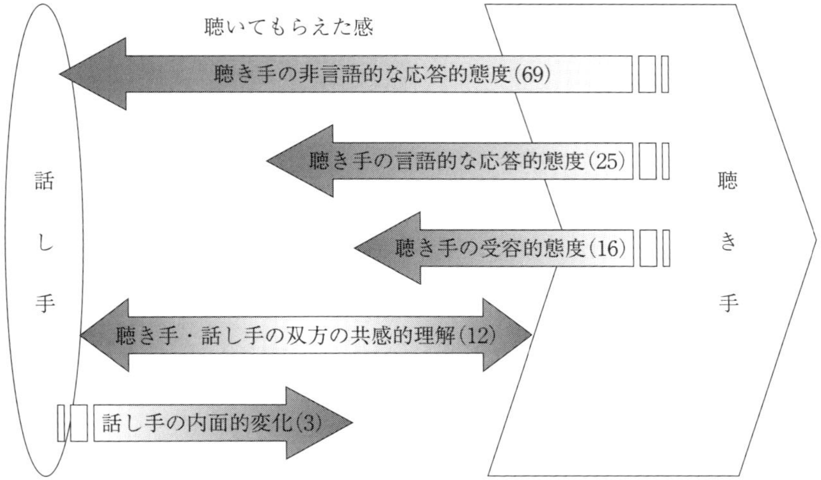

(　)内の数字は件数を表す

図４−２　聴いてもらえた感の構造図

ときに語りで重要な変化がみられることも報告されている（長岡ら, 2011）。

⑵「聴いてもらえ感」と「パーソナリティ変化の必要にして十分条件」

表４−３の「聴いてもらえた感」のカテゴリー，サブカテゴリーの項目の中には，ロジャーズ（1957）の「パーソナリティ変化の必要にして十分条件」に関連すると考えられる項目がある。

まず，ロジャーズの「パーソナリティ変化の必要にして十分条件」について述べることにする。

ロジャーズは，パーソナリティ変化が生じるためには，次の６つの条件が必要であると述べている。条件１は，二人の人が接触をもっていることである。条件２は，クライエントは不一致の状態にあり，傷つきやすいか，不安な状態にあることである。条件３は，セラピストは，二人の関係の中で一致し，統合されている状態にあることである。これは自己一致または誠実さとも呼ばれている。条件４は，セラピストは，クライエントに対して無条件の肯定的な配慮を経験していることである。無条件の肯定的配慮とはセラピストがクライエントに向ける眼差しともいえる。条件５は，セラピストは，クライエントの内的照合枠を共感的に理解するという経験をしており，この経験をクライエントに伝えるように努めることである。これは共感的理解ともいわれている。条件６は，クライエントは，セラピストの無条件の肯定的な配慮（眼差し）と共感的な理解を，最低限，知覚していることである。そして，条件３の自己一致（誠実さ），条件４の無条件の肯定的な配慮（眼差し），条件５の共感的理解は，カウンセラーの態度要件ともいわれている。

ここで，先述のカテゴリーおよびサブカテゴリーとロジャーズの「パーソナリティ変化の必要にして十分条件」との関連について考えてみることにする。表４－３より，カテゴリー〈聴き手の非言語的な応答的態度〉のサブカテゴリーに［聴き手の肯定的な表情］とある。これは，４番目の無条件の肯定的な配慮と関係が深いと考える。つまり，話し手は聴き手の無条件の肯定的な配慮を感じた時に「聴いてもらえた感」が高まるのではないかと考えられる。次に〈聴き手・話し手の双方の共感的理解〉のカテゴリーが抽出できた。これは５番目の共感的に理解するに類似している。サブカテゴリーには，［聴き手の共感］とそれ以外に［話し手の共感］とがある。［聴き手の共感］のラベルの代表例に「（聴き手に）似たようなことがあると（聴き手）が話してくれて共感できた」とあり，聴き手の共感はもちろんのこと話し手自身も聴き手の話を共感している様子がうかがわれる。聴き手，話し手の双方に共感的になる際に，「聴いてもらえた感」が高まるのであろう。なお，〈聴き手の非言語的な応答的態度〉のサブカテゴリー［聴き手の肯定的な表情］，〈聴き手の受容的な態度〉のサブカテゴリー［聴き手の話し手への配慮］，そして〈聴き手・話し手の双方の共感的理解〉のサブカテゴリー［聴き手の共感］は，まさに６番目に該当すると考えられる。このようなことを話し手が知覚する際に「聴いてもらえた感」が高まると推測される。

(3)「聴いてもらえた感」と「内的変容」

表４－３より〈話し手の内的変容〉のカテゴリーが抽出できていることがわかる。このカテゴリーは，「パーソナリティ変化の必要にして十分条件」の達

成を物語っていると考える。つまり，話し手は「聴いてもらえた感」を経験することによって，サブカテゴリー［話し手の気づき］が生じると考えられる。

これまで述べてきたように，傾聴とはただ人の話を聴く，聴いてもらうのではない。本研究に照らして考えてみると，図４−２に図式化したように，話し手が〈聴き手の非言語的な応答的態度〉〈聴き手の言語的な応答的態度〉〈聴き手の受容的態度〉といった「聴いてもらえた感」を経験することによって，〈聴き手・話し手の双方の共感的理解〉や［話し手の会話意欲の増幅］や，［話し手の気づき］といった〈話し手の内的変容〉が生じると結論づけることができよう。

５．今後の課題

本研究は学生のみを対象として実施したため，中高年と比較しておらず，「聴いてもらえた感」の特徴として主張するには議論の余地がある。また，仮に「聴いてもらえた感」の特徴であるとしても，中高年と比較していないため，傾聴経験によるものか，人生経験によるものかがわからない。これらの点をふまえて，さらに検討する必要がある。

また今後は，聴き手の「聴けた感」，話し手の「聴いてもらえた感」に留まらず，聴き手の「聴けなかった感」，話し手の「聴いてもらえなかった感」にも焦点を当てたい。

第３節　傾聴ボランティアの経験は自己をどう成長させるか

１．問題と目的

すでに述べたように，傾聴は話し手にポジティブな効果があるだけでなく（第３章第１節），聴き手の側にも良い変化をもたらす（第４章第１節）。そもそも，若者のボランティア活動が，彼ら自身を変化させるという指摘はこれまでにもあった。例えば，大学生のボランティア活動は，自己報酬・愛他的精神・人間関係に肯定的な効果があり（妹尾, 2008），意欲・自主性・行動力・コミュニケーション能力を向上させる（野田・齋藤, 2014）。

さらに，同様の変化が中高年にも見られることがわかってきた。中高年のボランティア活動は，精神的健康（Moreno-Jiménez & Hidalgo, 2013; 目黒, 2007）や，人間関係に肯定的な効果があり（Brayler, Obst, White, & Spencer, 2014; 蒲池・兒玉, 2010），コミュニティ意識が向上すると報告されている（岸他, 2014）。そこで本節では，特に高齢者のボランティア活動に注目する。

Hidalgo, Moreno-Jimenez, & Quinonero (2013) は，中高年（50歳以上）176名に質問紙調査を行い，ボランティアをしている人はしていない人に比べて，自尊心，自己効力感，人生満足度，幸福感，ソーシャルサポートが高いことを報告した（年齢，性別，婚姻状況，学歴，就業状況は両群で統制されていた）。また，岸他（2014）は，40歳代から70歳までの中高年の傾聴ボランティア６名に半構造化面接を実施し，「傾聴ボランティアへの有意味感の向上」「コミュニティ意識の向上」「傾聴の理想と現実のギャップ」の３つのカテゴリーを抽出した。特に，「傾聴ボランティアへの有意味感の向上」のサブカテゴリーには［自分にとっての傾聴を再認識できる］，「傾聴の理想と現実のギャップ」のサブカテゴリーには［自分の理想とする傾聴ができない］など傾聴ボランティア自身が自分に向き合う経験）が含まれていた。

以上の研究は，傾聴する活動のなかで，傾聴する側も自分自身に向き合っていることを示唆している。しかし，その具体的な内容に焦点を当てた研究はない。本研究では，高齢者が高齢者の語りを傾聴するボランティア活動において，傾聴者がどのような自己成長を感じているかを，自由記述およびインタビューによって明らかにする。

人間は，生涯にわたって向上・発展・適応していく資質をもっている（Rogers, 1961）。この自己実現を促すのが，自分が生きる意味や生きがいについての深い気づきである。本研究では，このような気づき－自己実現の過程を自己成長と呼んでおく。自己成長は人間的な成長の過程でもある（諸富, 2009）。本研究は，コミュニティ心理学（Lewis, Lewis, Daniels, & D'Andrea, 2011）における傾聴ボランティアの意義や，高齢者にとっての自己成長を考えるうえで，新たな示唆を与えるだろう。傾聴ボランティアで，傾聴者は相手の語りに耳を傾け，判断なしに相手を受け容れる。それと同時に，語られない沈黙についても意味を感じ取り，深める姿勢が必要である。傾聴者は次第に相手と自分の重なりを感じ，自分の人生についても気づきを得るだろう。したがって，傾聴ボランティア経験は，自己成長の良いきっかけになると考えられる。

2．方法

⑴ 調査方法

調査協力者に下記のように自由記述してもらったあと，半構造化面接を実施した。

⑵ 調査時期

2016年2月中旬～3月上旬

⑶ 調査場所

I市社会福祉協議会研修室，N市M区役所ボランティアルームを使用した。両場所ともに調査のために貸し切り，プライバシーは守られていた。

⑷ 調査協力者の概要

調査協力者の概要を表4-4に示した。研究協力者①②は，I市社会福祉協議会が主催する傾聴ボランティア養成講座の受講者であった。主催者に研究趣旨

表4-4　調査協力者の概要

	調査時の年齢	性別	傾聴ボランティア歴	活動場所
①	67歳	女	8年	I市内個人宅
②	70歳	女	8年	I市内サロン
③	61歳	女	1年10カ月	N市M区内
④	70歳	女	7年	N市M区内
⑤	63歳	女	5年2カ月	N市M区内
⑥	68歳	女	5年	N市M区内
⑦	70歳	女	6年	N市M区内

N市M区内：N市M区内のディサービスセンター，特別養護老人ホーム

を説明して協力を依頼したところ，この２名から申し出があった。調査協力者③④⑤⑥⑦は，筆者がサポートしているN市M区内の傾聴ボランティアのグループであった。代表者に研究趣旨を説明して協力を依頼したところ，この５名から申し出があった。

⑸ 調査手続き

調査協力者がまず自分の考えを整理できるように，「傾聴ボランティア（傾聴実践）の体験が自己成長（自分自身が変化・成長したと感じられること）にどう影響したか」を自由記述してもらった。その直後に自由記述を基にしたインタビュー（半構造化面接，ICレコーダーで録音）を10分から15分程度実施した。その際，自己成長のエピソードを幅広く聴き取れるように，４つの質問項目を設定した。

問１　年齢，傾聴ボランティア歴，活動場所
問２　傾聴ボランティアへの参加動機
問３　傾聴ボランティアの活動内容
問４　傾聴ボランティア（傾聴実践）の体験が自己成長にどう影響したか（自分自身が変化・成長したと感じられること）

⑹ 倫理的配慮

自由記述の記入前とインタビュー（半構造化面接）の実施前に，研究目的，いつでも中止できること等の説明を行い，匿名であること，個人情報の保護に配慮して研究を行うことで同意を得た。

３．結果

KJ法（川喜田, 1967）を用い，橋本（2015），村上・山崎（2015）にならって分析した。KJ法は３人（筆者，臨床心理学専攻の教員，傾聴ボランティアの経験者）で実施した。経験者は，現状をよく理解している人として，インタビューの調査協力者から１名に協力を依頼した。

まず，逐語記録に内容を示すラベルを付与した。次に，類似の現象を示すラベルをグルーピングし，カテゴリー化した。そして，最終的に２つの大カテゴリー，６つの中カテゴリー，14の小カテゴリーに分類した。

その詳細は以下のとおりである。

①調査協力者の回答を切片化して，55の個別カードを作成した。１文ずつの長さを基本としたが，傾聴ボランティア活動中の出来事などの描写は，そのまま使用した場合もある。また，１文中に複数の内容が含まれている場合は，分けてカードを作成した。

②作成したカードを分類した。まず，筆者が同じ内容を表しているカードごとにグルーピングし，他の２名との合意が成立するまで繰り返した。最終的なグループに内容を表すラベルを作成した。

③筆者と他の２名で，ラベルを付与したグループ（カテゴリー）の配置を検討した。

④筆者と他の２名で，カテゴリー間の過程を検討した。

⑤最後に，コミュニティ心理学を専門としない，KJ法に精通している教員１名が，カテゴリーが恣意的解釈でないことを確認した。

カテゴリー及び記述・インタビューの切片を表４−５に示した。傾聴ボランティア経験の語りは，〈外的成長〉〈内的成長〉という２つの大カテゴリー，［Ⅰ．コミュニティ意識の高揚］［Ⅱ．人間関係の豊かさ］［Ⅲ．傾聴スキルの向上］［Ⅳ．傾聴の深化］［Ⅴ．自己の変化］［Ⅵ．精神的豊かさ］という６つの中カテゴリー，そして14の小カテゴリーで構成された。中カテゴリーはさらに，［Ⅲ．傾聴スキルの向上］［Ⅳ．傾聴の深化］を〔傾聴スキルの発展〕として，［Ⅴ．自己の変化］［Ⅵ．精神的豊かさ］を〔内的深化〕として集約した。

川喜田（1996）が「全く同じラベル内容のものが沢山集まる場合」には「一枚だけにして，他は捨てればよい」と述べていることから推測できるように，KJ法ではグループに属するラベル数の多さ，少なさには注目しない（中西, 2011）。しかし，本研究の場合，KJ法の切片（ラベル）数は，その語りにおける重要度を示すと考えられるのであえて件数を示した。表４−５の（　）内の数字は切片（ラベル）の数を示す。大カテゴリーの〈外的成長〉は９件，〈内的成長〉は

表4-5　KJ法による「大・中・小カテゴリー」「記述・インタビューの切片（ラベル）」

大カテゴリー	中カテゴリー	小カテゴリー	記述・インタビューの切片（ラベル）
外的成長（9）	Ⅰ．コミュニティ意識の高揚（7）	Ⅰ-1　社会貢献（2）	24-②地域のサロンにいらっしゃる皆さんの主体性，積極性を引き出していきたい／42-③ボランティア活動は社会貢献のため，人が生きていくための実践活動であり，私利私欲のため，自己のエゴを満たすために行うのではない
		Ⅰ-2　傾聴ボランティアの必要性（3）	2-①特に一人暮らしで話しをする相手がいない中で，やっぱり人って聴いてほしいのだということが分かった／13-①（傾聴ボランティア）来てもらって嬉しいっていうそういう言葉はやっぱり多いですね／14-①話し相手ボランティアっていうのは実は本当に求められている，地域において
		Ⅰ-3　周囲の人々への配慮（2）	40-③介護職員さんの傾聴も重要であると思います。たいへんなので／41-③家族の方々への傾聴も重要であると感じました。配慮が大切です
	Ⅱ．人間関係の豊かさ（2）	Ⅱ-1　信頼関係（1）	＊20-②信頼関係ができたこと。初めはすごく抵抗もあるだろうけど，やはり慣れてくるといろんな話をしてくれる。もうはまずはコミュニケーションが一番大事ですね。私の経験から
		Ⅱ-2　人間関係の柔軟さ（1）	44-③日常生活での人間関係が柔軟となった
内的	傾聴スキルの発展（21）　Ⅲ．傾聴スキルの向上（13）	Ⅲ-1　傾聴技能の獲得（10）	＊6-①（人に）道で会った時とか，電車のなかとか，いろんなところで傾聴っていうのはいつでもできるんだ／＊19-②足が痛い，腰が痛いというのですが，解決はなのもできないんです，けれどもはなしをきいてあげることによって自分が悩んでいる思いの80％は解決しています／21-②理論的なことを話しても，人生経験がずっと豊かな方には通じない／25-③自分の紹介を簡単に言ってから話しかけると効果的／26-③相手を観察した後，考えてから相手に合わせて質問する／27-③丁寧な言葉で話す／28-③派手な服装，目立つ服装は嫌われることもある／30-③メモをしないで話を聴く訓練になった／31-③名前を覚える。名前を呼ぶと笑顔で答えてくれる／53-⑤会話しなくてもいい，そばにいるだけでいい
		Ⅲ-2　傾聴技能の深化（3）	＊17-①言っている人（傾聴してもらっている人）はこちら（傾聴ボランティア）が上手に聴くことができるようになったら，言っている人がやっぱり整理がつくじゃないですか／＊38-③何でんも話すことにより元気に生きられるのではないでしょうか／39-③言いたいことを話すとカタルシス効果が得られる
	Ⅳ．傾聴の深化（8）	Ⅳ-1　聴くことへの信頼（2）	1-①人の言うことに対して待てない。きちんと聴いたらきっと自分も何を言うべきか分かる／＊3-①相手の言うことをきちんと聴けたら，自分が何をいうべきかが自ずと考えなくても聴いている中から出てくることに対する，聴くことへの信頼
		Ⅳ-2　言葉の深さ（6）	5-①一方的に立派な先生でも教える側ではなくて，誰かの話でなるほどと思うということもある。私たちも自分の言った言葉になるほどと思うこともある／＊7-①傾聴ボランティアっていうことで，行政の人が段取りしてくれて，（対象者は）歳の人が多いですから，命いっぱい生きているという時に，一言一言出てくる言葉の大切さというのは教えられて，それはその人の生き方なんだというふうに思った／8-①長く生きるということは本当にたくさんお別れを経験してくることなんだよって言われたら，なるほどとうようなそういう一つのことばのなかからその人の生き方がみえてくるということを思うようになった／9-①

成長(46)				その人が発する言葉はたぶんその人のある意味優しさだったり，深さだったりするのだろう／＊10-①やっぱり，村の一人ひとりの方の生き方は言葉で教えてくれていて，改めてそういう言葉がいろんな人との出会いを深めてくれているっていうのはありますよね／＊11-①社会の中で実はそういう小さな声の中に豊かさも深さもあるし，悲しみを通してそういうことがあると思いますね
	内的深化(21)	Ⅴ．自己の変化（8）	Ⅴ-1　気持ちの変化（4）	＊4-①今日でもですけど（インタビュー)，こんなふうに話をするのが怖くなくなった／15-①傾聴ボランティアの講座を受けることによって何かしてあげるというよりも日常的なかかわりが拡がっていくなと思う／45-③人の話を落ち着いて聴くことが可能となり，忍耐力も強くなった／46-③怒ることが少なくなった
			Ⅴ-2　行動の変化（4）	＊16-①法事のときに，自分が法話をするだけでなく，親族の方に3人ぐらいにだいたい話してもらうようになった。亡くなった人との関係をもってきた人の言葉の深さもあって／36-③能動的に行動できる／50-⑤相手の話をよく聴けるようになった／51-⑤人の話を気長にゆっくり聴けるようになった
		Ⅵ．精神的豊かさ（17）	Ⅵ-1　謙虚さ（3）	22-①とにかく聴く，教えていただく／＊23-②やっぱり，冗談もいいながらいろんなことを聴き出す（言い方に語弊があるかな）と教えていただいて，ほんの少しでも自分のものにしていきたいなとは思っているのですがなかなか聴けない／35-③ボランティア活動は完全に自主活動である。させていただくという意思。謙虚な態度
			Ⅵ-2　生きがい（11）	＊18-②個人的には生きがいを感じています。一人暮らしとか，核家族になって，色んな悩み持っていらっしゃるんですよ。その方たちの解決にはならないけど，話し相手にはなれる。はい。そんな形で／29-③自分が元気である／＊32-③ボランティアというと暇な人が遊び半分で行っていると思われがちであるが，実際はとても責任がある。それはやりがいのある場面に出会えるからかもしれない／33-③義務的に頼まれたりするわけではないので，圧迫感，違和感はない／34-③時間の制約もなく，自由な時間に参加できる。また，いつでも来てほしいと大変歓迎されるので，また参加しようという意欲が出る／37-③自己を活性化する原動力となり，ますます元気にさせる実践活動である／43-③人のために役立つことが，自分の生きがい，自己成長につながる／47-④次回どんな話が聴けるかと至福の時である／48-④日々本当に元気をいただき，私の方が有りがとうです／52-⑤自分が心を開くことにより，相手を受け入れる豊かさを得られたような気がする。笑顔は美しいオーラがあります／＊55-②私は，一日でも長くいきたいと思っている。自分のことが自分でできる生活を現在はしているけれども，この先は分からない。健康であることに感謝し，今できること，社会に役立つことに楽しく貢献できるように頑張ろうと前向きになれる考えに至ったことが傾聴ボランティア体験から成長したことです
			Ⅵ-3　自己の課題（3）	＊12-①とにかく相手の話を聴いて，なるべく自分は喋らないようにすると思いながらも喋ってしまいます。私たちの仲間でどっかいったりすると，みんな元気ですから人の話を取ってまで喋る／49-④今あるがままの姿を受け止める事ができればが課題です／54-⑥対象の方とお付き合いをするわけではないので傾聴の時間だけ相手に寄り添って，一生懸命お聴きし一歩外に出たら自分自身に返り，また元気をお分けできるように自分磨きをするべきだと思うようになりました

左側の数字は切片の通し番号，右側の数字は対象者（例：01-①）。
＊はインタビューから抽出された切片。それ以外は自由記述から抽出された切片。
（　）内の数字は件数。
「記述・インタビューの切片（ラベル)」の内容は可能な限り，調査対象者の記述のままにしてある。

46件であり，内的成長の経験が中心であることがうかがわれた。また，〈内的成長〉の中カテゴリーでは，［Ⅲ．傾聴スキルの向上］13件，［Ⅵ．精神的豊かさ］17件の２つが大きく占めており，スキルと精神性をバランスよく経験していることが示唆された。また，表４−５をもとに，カテゴリー間の過程を図式化したものを図４−３に示した。ここでは特に，［Ⅲ．傾聴スキルの向上］が［Ⅳ．傾聴の深化］につながることが示された。

４．考察

高齢者が高齢者の話を聴くという傾聴ボランティアの活動において，傾聴者がどのような自己成長を感じたかを半構造化面接し，KJ法によってカテゴリーに分類した。

第一に，その経験は〈外的成長〉よりも〈内的成長〉を中心に語られた。その〈内的成長〉おいては，［Ⅲ．傾聴スキルの向上］と［Ⅵ．精神的豊かさ］の２つが語りの中心になっていた。このことは，高齢者においてもスキルの向上が重要であると同時に，謙虚さや生きがいを感じつつ，自己の課題を見つめるといった精神性にも価値が置かれていることを示している。このバランスによって，切片38-③「何でんも話すことにより元気に生きられるのではないでしょうか」，切片39-③「言いたいことを話すとカタルシス効果が得られる」のような，語り手に対する深い理解が可能になっていると思われる。

第二に，図４−３のカテゴリー間の過程では，［Ⅲ．傾聴スキルの向上］から［Ⅳ．傾聴の深化］という動きを特筆できた。切片３-①「相手の言うことをきちんと聴けたら，自分が何をいうべきかが自ずと考えなくても聴いている中から出てくることに対する，聴くことへの信頼」は，「聴くことは黙って頷くことではなく，聴くためにはまず黙ることが必要であり，そして聴くことはより効果的に話すこと」という渡辺（1996）の言葉を連想させ，カウンセラーのような高い習熟をうかがわせる。Garcia, Metha, Perfect, & McWhirter（1997）によると，シニア・ピア・カウンセラー養成プログラムを終了した直後の受講者は，カウンセラーとしての自己体験（experience of self as counselor）として，忍耐強さ（patience）の必要性などを認識するという。調査協力者の経験

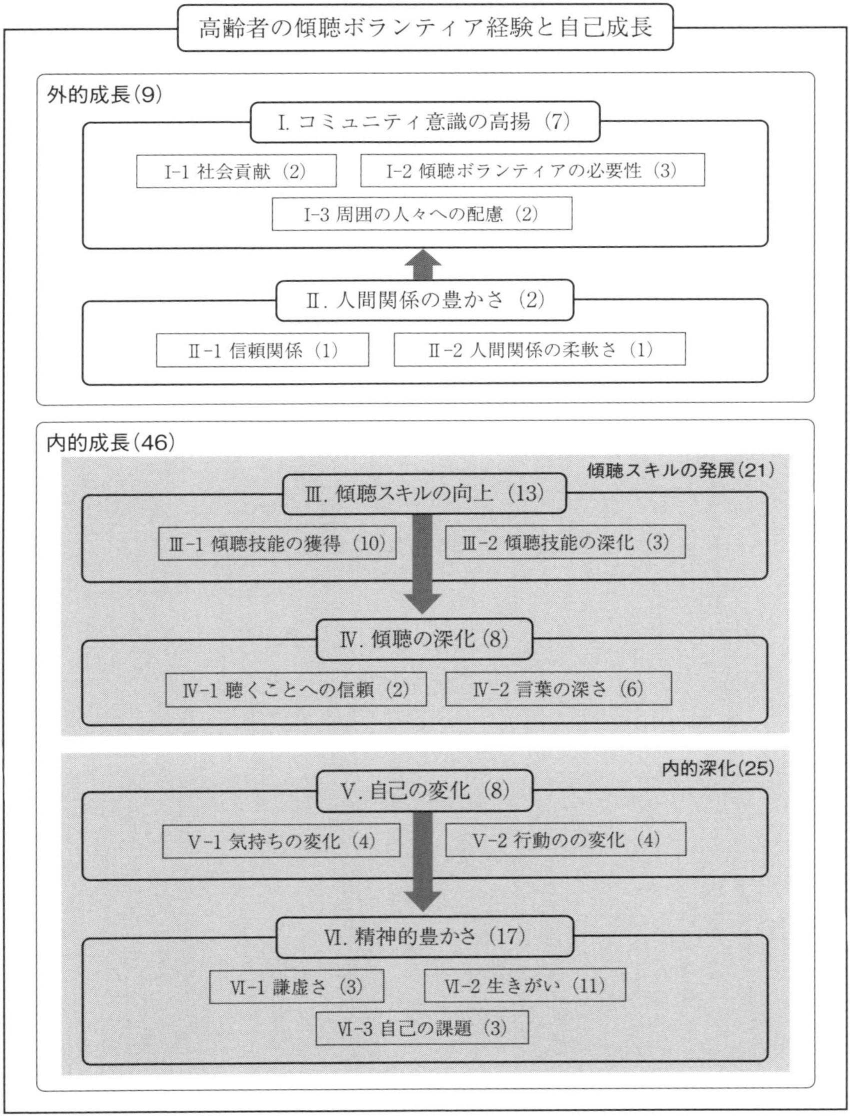

図４－３　高齢者の自己成長

が豊かであったため，それをさらに深めた傾聴感覚に達していたことから得られた結果と考えられる。

第三に，傾聴者の外的成長として，切片20-②「信頼関係ができたこと。初めはすごく抵抗もあるだろうけど，やはり慣れてくるといろんな話をしてくれる。もうはまずはコミュニケーションが一番大事ですね。私の経験から」，切片44-③「日常生活での人間関係が柔軟となった」にみられるように，ボランティア自身の人間関係を見直す機会になっていることを指摘できる。この結果は，岸他（2014）が「傾聴ボランティアへの有意味感の向上」のサブカテゴリーとして挙げている，「傾聴を日常生活の対人関係に生かせる」という記述にも重なる。傾聴ボランティア経験が，自分自身の振り返りに役立っていることが，ここでもうかがえる。

本研究では，高齢者の傾聴ボランティアの自己成長に焦点を当てた。その語りの特徴は，傾聴スキルと精神性のバランスの良さ，傾聴スキルの高い習熟と語り手への深い理解，日常生活の人間関係の見直しといった，幅広い点で認められた。高齢化社会においては，高齢者同士が支え合う必要も出てくるが，佐藤（2015）は高齢者を単に「支えられる側」から捉えるのではなく，「支える側」からも捉え直し，双方向性の見方を一般化する必要があると述べている。本研究の結果は，そこに積極的なメリットがある可能性を示唆している。アメリカのシニア・ピア・カウンセリングでは，乳がん手術後の患者に対して，電話でカウンセリングするという，細かなニーズに対応した取り組みが奏功している（Crane-Okada, Freeman, Ross, Kiger, & Giuliano, 2010; Crane-Okada et al., 2012)。傾聴し合うことによって，互いの内的成長が促されるような，精神的にも豊かな地域づくりが必要であろう。

ただし，本研究では若年の傾聴ボランティアと比較しておらず，高齢者の特徴として主張するには議論の余地がある。仮に高齢者の特徴であるとしても，他のボランティア活動と比較しておらず，傾聴経験による自己成長なのか，人生経験によるものなのかの区別もつきにくい。なによりも研究協力者の数が7名と少なく，経験年数の影響なども考慮できなかった。これらの点をふまえて，さらに検討する必要がある。

第5章
傾聴体験がコミュニティ感覚に与える効果

第1節　コミュニティ感覚とは

1．はじめに

本章では，傾聴体験がコミュニティ感覚に与える影響について検討したい。第1章で述べたように，研究の背景にはコミュニティ心理学がある。コミュニティ心理学には以下のような研究課題があり，その一つにコミュニティ感覚がある。

①危機介入
②コンサルテーション
③社会的援助組織作りの方法
④予防
⑤環境問題
⑥エンパワメント
⑦コミュニティ感覚
⑧コミュニティ・カウンセリング
⑨生態学視座
⑩ボランティア
⑪社会変革

そこで本節では，国内外のコミュニティ感覚の先行研究を概観し，コミュニティ感覚の研究動向について考察したい。

2．海外の研究動向

⑴ コミュニティ感覚の定義・測定尺度と様々な研究

コミュニティ感覚を最初に定義したのは，Sarason (1974) である。それによると，コミュニティ感覚とは，「他者との類似性の知覚，他者との相互依存的関係の承認，他者にしてほしいと期待することを，自分が他者に与えたり行うことによって，その相互依存関係を積極的に維持しようとする意志，そして自分は依存可能な安定したより大きな構造の一部であるという感覚である」。それをもとに，McMillan & Chavis (1986) は，「メンバーが持つ所属感，メンバーがメンバー同士あるいは集団に対して持っている重要な感覚，また，集団にともにコミットメントすることによってメンバーのニーズを満たすことができるという信念の共有」と再定義した。さらに，McMillan & Chavis (1986) は，メンバーシップ (membership)，影響力 (influence)，統合とニーズの充足 (integration and fulfillment of needs)，情緒的結合の共有 (shared emotional connection) という４因子からなる，コミュニティ感覚尺度 (Sense of Community Index: SCI) を開発した。Chavis (2007) はその改訂SCI-2を公開した。Jason, Stevens, & Ram (2015) は，自己 (Self: identity and importance to self)，メンバーシップ (Membership: social relationships)，組織 (Entity: a group's organization and purpose) の３因子からなる Sense of Community Scale を開発している。

こうして，コミュニティ感覚の数量的研究が可能になった。例えばObst, Smith, & Zinkiewicz (2002) は，比較的メンバーの数が少ない小さなコミュニティにおいてコミュニティ感覚が高いことを報告した。またChavis, Hogge, McMillan, & Wandersman (1986) や，Pretty，Andrewes, & ColLett (1994) は，コミュニティでの居住年数や関わりの長さなどの時間的要因も，コミュニティ感覚に影響することを報告した。さらにRoyal & Rossi (1996) は，コミュニティ感覚の高さが職場の満足度の高さや，役割葛藤の低さと関連していることを報告した。そしてHombrados-Mendieta, Dominguez-Fuentes, Garcia-Leiva, & Gomez-Jacinto (2013) は，スペイン移住者を対象に，コミュニティ感覚が上がると人生満足感（satisfaction with life）も高くなっていることを報告した。Daltonら(2001)によって，コミュニティにおける人種・民族的状況，居住形態，所得レベル，年齢や教育歴，人格特性などが，コミュニティ感覚に関連することも認められている。

⑵ Paul Speerのコミュニティ感覚に関する研究

次に，Vanderbilt大学のPaul Speerらの研究を紹介する。彼らは，日本のコミュニティ心理学で言及されることは少ないが，コミュニティ感覚と心理的エンパワメントの関連性について精力的に研究を続けている。Paul Speerらの研究の特徴は，大規模な現地調査にある。まさにコミュニティ心理学者らしいといえる。

年代順に整理していこう。まず，Hughey, Speer, & Peterson(1999)は，組織，調停者，コミュニティ組織への影響，コミュニティに付着の影響と組織との関係という４つの因子からなる，コミュニティ感覚尺度を開発した。研究１では，３つのコミュニティ組織（合計218名）を対象に４因子を確認し，研究２では，５つのコミュニティ組織を対象に３因子（組織，調停者，コミュニティに付着の影響と組織との関係）を確認した。

また，Perkins, Hughey, & Speer(2002)は，過度な社会的結合はdis-empowersするゆえ，社会的な結合を強調するのではなく，ネットワークづくりをすべきであると強調した。そしてHughey & Speer(2002)は，Sarasonの業績を評価しつつ，「しかし個人とグループ経験に強く影響するコミュニティや社会的現象を無視している。この観察は新しくない」と批判した。これに関連して，Peterson, Speer, & Hughey(2006)は，コミュニティ感覚尺度（SCI）の改訂版を示唆した。

そして，Peterson, Speer, & Hughes(2008)は，４因子（relationship to organization, organization as mediator, influence of the organization, and bond to community）からなるコミュニティ心理尺度を用いて，それらが「心理的エンパワメント」「コミュニティ参加」「組織関与」と正の相関することを報告した。さらに，Peterson, Speer, & McMillan(2008)は，コミュニティ感

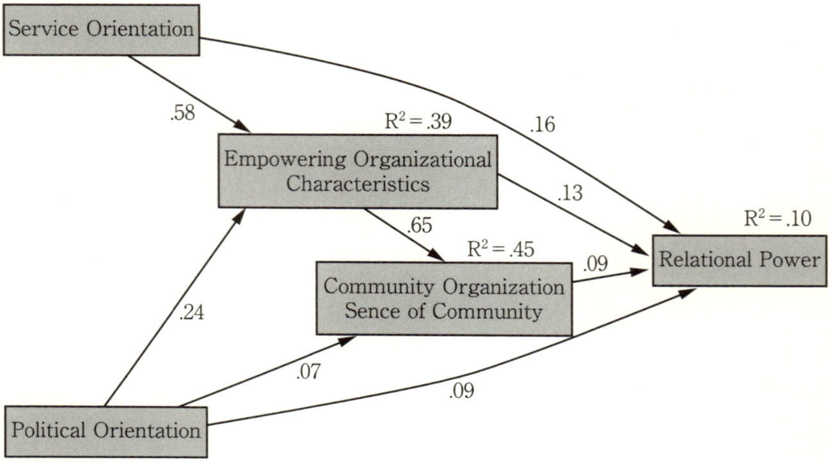

図5－1　Mediational model for relational power. (Lindsay & Speer, 2011)

覚尺度８項目短縮版を作成し，「コミュニティ参加」「心理的エンパワメント」「メンタルヘルス」と正の相関，「抑うつ」と負の相関することを報告した。

Lindsay & Speer (2011) は，都市の住民974名を調査し，「サービス志向」⇒「組織の特徴をエンパワすること」⇒「コミュニティ感覚」⇒「関係力」というパスを見いだしている（図５−１）。

Paul Speerらは，心理的エンパワメントを特性的（interpersonal）と信念的（interactional）に分類した。特性的心理的エンパワメントは，次のような項目であった。

①私はしばしばグループリーダーに選ばれる。

②私は人についていくよりも人をひっぱっていく方が好きである。

③私は人をまとめながら事を進めていくことができる。

④私は政府に言いたいことがたくさんあるので，政治に参加するのが楽しい。

⑤私のような人が政治や行政に関与するのにふさわしいと思う。

また，信念的心理的エンパワメントは，以下のような項目であった。

①コミュニティを向上させるためには，個人で動くよりも集団で動く方が効果的だ。

②コミュニティを変えるときには，ほとんどいつも葛藤が生じる。

③コミュニティに影響力をもっている人は，ニュースを通して多くの問題をもち続ける。

Speer, Peterson, Armstead, & Allen (2012) は，コミュニティ感覚は信念的心理的エンパワメントと正の相関することを報告した。コミュニティ感覚と特性的心理的エンパワメントとの相関は，低中収入層においてのみ有意であった。Peterson & Speer (2000) は，特性的心理的エンパワメントのハイレベルな人は，地域社会活動に参加する頻度が高いこと，信念的心理的エンパワメントのハイレベルな人は，組織活動へ参加し，コミュニティ感覚が強いことを報告した。Christens, Peterson, & Speer, (2011) によると，コミュニティ参加は心理的エンパワメントに影響するが，逆は無いという。信念的心理的エンパワメントは，孤立していない高社会階層の人において際だって低いこともわかっている（Christens, Speer, & Peterson, 2011: 図5－2）

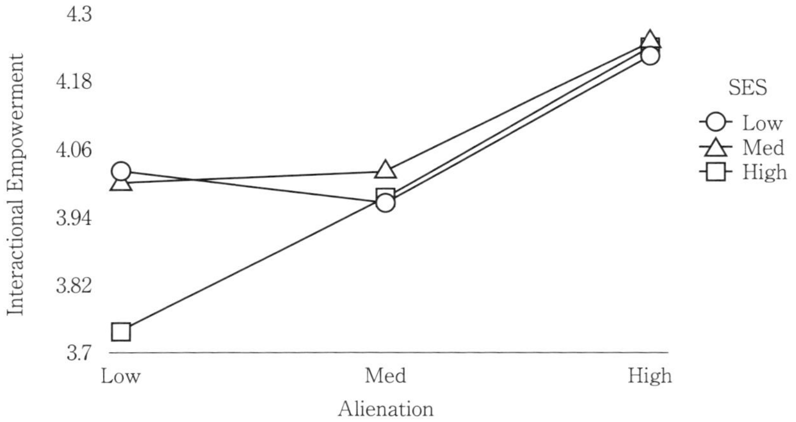

図5－2　Interaction between alienation and socioeconomic status on the interactional component of psychological empowerment (Christens, Speer, & Peterson, 2011)

3．国内の研究動向

植村（2012）は，Sarason（1974），McMillan & Chavis（1986）にもとづき，コミュニティ感覚尺度を作成した。例えば，コミュニティ感覚が高いと，人生の満足感や主観的幸福感が高く，孤独感が低いことがわかっている（笹尾，2007）。高橋・森田・石津（2010）によると，日本人は中国人や韓国人よりもコミュニティ感覚が乏しい。福島・鵜養（2013）は，地域コミュニティに対する態度尺度を作成し，「臨床心理行政論」の講義を通して，受講生の地域コミュニティに対する態度が向上することを報告した。

玉井・笹尾（2013）によると，国際基督教大学の平和教育の機会と学生の他国民・他民族に対する感情や平等意識は関連し，かつ大学へのコミュニティ感覚が高いことが重要であったという。井上・久田（2015）によると，大学生の所属大学へのコミュニティ感覚は，入学時の志望度や教員からのサポートが関与していた。

職場におけるコミュニティ感覚を研究したものに，山本・服部・中村ら（2002）がある。看護師用職場コミュニティ感覚尺度を作成し，病棟に勤務する看護師678名を対象に，ストレス反応との関連を明らかにした。その結果，両者のすべての下位尺度間に高い負の相関があった。

4．まとめ

コミュニティ感覚の研究は，Sarason（1974）の定義に始まり，その後，修正が加えられて，現在ではいくつかの尺度が開発されている。小さなコミュニティでコミュニティ感覚が高いこと，居住年数などの時間的要因も影響すること，さらには人種・民族的状況，居住形態，所得レベル，年齢や教育歴，人格特性などが関連することも認められている。Paul Speerらの大規模な研究により，特性的心理的エンパワメント・信念的エンパワメントとコミュニティ感覚の関連も明らかになってきた。次節では，傾聴体験がコミュニティ感覚に与える影響について検討する。

第２節　傾聴体験はコミュニティ感覚をどう変えるか ——量的検討

１．問題と目的

第３章で述べたように，傾聴（active listening）とは「相手の話をていねいに耳を傾けて，こころのひだまで聴いていく姿勢」（諸富，2014）をいう。コミュニティ心理学においては，コミュニティに入り，その土地に住む人々と信頼関係を築き，彼らの知識（indigenous knowledge）体系を理解するさいの基本的コミュニケーション技能のひとつとして，傾聴が重要とされる（Duncan, Bowman, Naidoo, Pillay, & Roos, 2007）。また，コミュニティメンバーの傾聴力が向上することで，コミュニティの様々な課題の解決に役立つこともわかってきた。例えば，イギリスのHelen Cowieら（Naylor & Cowie, 1999; Cowie, Naylor, Talamelli, Chauhan, & Smith, 2002; Cowie & Hutson, 2005）は，高校にピアサポート・システムを導入し，傾聴の訓練を積んだピアサポーターたちが，仲間の苦悩に耳を傾けることで，いじめに立ち向かう力として奏功したことを報告した。

前節で述べたように，コミュニティ心理学の研究課題の一つに，コミュニティ感覚（a sense of community）がある。McMillan & Chavis (1986) は，コミュニティ感覚の構成要素として，メンバーシップ（membership），影響力（influence），統合とニーズの充足（integration and fulfillment of needs），情緒的結合の共有（shared emotional connection）を挙げた。福島・鵜養（2013）は，これらのコミュニティ感覚の研究をもとに，地域に対してさらに具体的・主体的な態度を測定する地域コミュニティに対する態度尺度を作成した。これは「住みよい地域づくりのために自分から積極的に活動していきたい」など，大学生も考えやすい項目であった。そして，「臨床心理行政論」の講義を通して，受講生の地域コミュニティに対する態度が向上することを報告した。

コミュニティ心理学の課題は，個人と社会の繋がりを探究することである

(Kloos *et al*., 2012)。カウンセリングにおける傾聴は，カウンセラーとクライエントとの一対一の関係性で行われることが多い。しかし，相手の語りに耳を傾けること，あるいは聴いてもらう体験によって，社会性やコミュニティ感覚が高まることは，臨床場面でしばしば経験される（目黒, 2014)。第３章で述べたように，日本は超高齢社会を迎え，高齢者のうつ病・自殺対策の一環として地方公共団体の福祉課，社会福祉協議会，NPO団体等を中心にカウンセリングにおける傾聴の手法を活かした傾聴ボランティアの養成が拡大している。

そこで本節では，福島・鵜養（2013）にならい，講義・実習における傾聴練習が，学生のコミュニティに対する態度を変化させるかどうかを検討する。そのさい，傾聴とコミュニティに媒介する要因として人生満足感を設定し，傾聴練習によって人生満足感が上昇し，地域に対する態度を変化させるというモデルを仮定した。なお，本研究でいう傾聴体験とは，学生の講義，実習における傾聴練習時間（本章第３節を参照）を指すこととする。

２．方法

⑴ 調査対象者

調査対象は同朋大学社会福祉学部の学生89名で，講義時間内に同意を得て質問紙を配布し，記入してもらった。記入漏れのあるものを除く80名（男性32名，女性48名，平均20.94歳，標準偏差1.70）を分析対象とした。調査実施は2015年１月であった。

⑵ 傾聴練習時間

筆者の担当する科目（「特別支援教育」「臨床心理学」「３年ゼミ」「４年ゼミ」「ボランティア活動」「傾聴実習指導」）の修得・参加状況をもとに，参加者それぞれについて，およその傾聴練習時間を算出した。最小30分，最大4,260分であった。

ここで，各科目の傾聴練習時間と，どのような課題で傾聴練習を実施したかについてふれる。「特別支援教育」（30分），「臨床心理学」（90分），「３年ゼミ」（120分），「４年ゼミ」（180分）では，「大学生活の学び」「受講の動機」「現在悩んでいることは何か？（悩みがない場合には，今日この頃感じていること）」等であった。「ボランティア活動」の授業（480〜660分）では，実際に障害者・高齢者にかかわり，コミュニケーションを図った時間をそれぞれの学生の判断で，傾聴練習時間として算出した。「傾聴実践実習」（3,600〜4,260分）では，実際に学生が10日間，高齢者ディサービスセンターに傾聴実習に出向いたなかから，それぞれの学生の判断で傾聴練習時間を算出した。

⑶ 質問紙調査

地域コミュニティに対する態度尺度（福島・鵜養，2013）14項目（７件法：そう思わない－そう思う）に回答を求めた。あわせて，現住所の居住期間（何年何カ月という数字で記入したものを，月単位の数字に直して分析），居住形態（家族と同居，一人暮らし，学生寮，その他から四択一）についても回答を求めた。そして「人生に対する満足尺度」（角野，1994）５項目，「だいたいにおいて，私の人生は理想に近い」「私の人生は，すばらしい状態である」「私は，私の人生に満足している」「私はこれまでの人生のなかで，こうしたいと思った重要なことはなしとげてきた」「人生をもう一度やりなおせるとしても，変えたいことはほとんどない」（７件法：全くあてはまらない－とてもあてはまる）に回答を求めた。

その他，別研究の目的のため，パーソナリティ特性等の項目も含まれていたが，本研究では使用しなかった（パーソナリティ特性として日本語版Ten Item Personality Inventory（TIPI-J）（小塩・阿部・ピノ，2012），功利主義的幸福観（筆者のオリジナル），因果応報観（村井・堀田・竹澤，2011；今野・堀，1998,；具志堅・下家義弘，2010を参考に作成）。個人の特性としてボランティア経験（介護実習等は除く）の有無，SNS（Line，Twitter，Facebook等あわせて）に費やしている時間，アルバイトに費やしている時間。その他，現在の気分として「孤独でさみしい」「活き活きしている」「疲れている」かどうかを回答した）。

⑷ 倫理的配慮

調査協力者である学生には，研究の趣旨を説明し，論文にする際には個人を特定するような記述をしないことを約束し了解を得た。

3．結果

⑴ 傾聴練習時間

算出した傾聴練習時間を表５－１に示した。数十分単位の数十名，数百分単位の数十名，そこから間があいて3,600分を超える数名と，幅は広いが偏った分布をしていた。そのため，傾聴練習時間が30～90分の37名を「１」，120～180分の７名を「２」，480～660分の29名を「３」，3,600～4,260分の７名を「４」と，４段階に分類して分析を行った。

表５－１　傾聴練習時間の度数分布

段階	傾聴練習時間（分）	人数
1	30	10
	90	27
2	120	3
	180	4
3	480	12
	570	4
4	660	13
	3,600	3
5	3,780	1
	4,080	2
	4,260	1

⑵ 居住に関する項目

住居形態は家族と同居72名，一人暮らし７名，学生寮０名，その他１名であった。居住期間は中央値217カ月，平均173.13カ月，標準偏差91.81であった。22名（27.5%）が現在の住所に10年以上住んでいた。

⑶ 地域コミュニティに対する態度尺度の因子分析

地域コミュニティに対する態度尺度を因子分析（主因子法，promax回転）した結果（表５−２），福島・鵜養（2013）とほぼ同じ構造の３因子が得られ，それぞれ「行政との関係」「地域への主体的関与」「地域への愛着」因子（項目６は逆転して得点を算出）と命名した。

⑷ 地域コミュニティに対する態度尺度のパス解析

傾聴練習によって人生満足感が上昇し，地域に対する態度を変化させるというモデルを検証するため，パス解析（飽和モデル）を行った。山田・杉澤・村井（2015）にならい，Rのlavaanパッケージを用いて分析した。

まず「行政との関係」についてパス解析を行った。その結果，各パスの標準化推定値は，傾聴時間（−0.194, p = .079）⇒人生満足感（R^2 = .038），人生満足感（0.361, p = .001）⇒ 行政との関係，傾聴時間（0.111, p = .300）⇒ 行政との関係（R^2 = .127）となり，適合度指標はAIC = 1268.651であった。すなわち仮説に反して，傾聴練習が人生満足感を経て行政との関係をごくわずかに減少させるという間接効果（−0.007）がみられた。間接効果と直接効果を合わせた総合効果は0.04であった。

次に「地域への主体的関与」についてパス解析を行った。その結果，各パスの推定値は，傾聴時間（−0.194, p = .079）⇒人生満足感（R^2 = .038），人生満足感（0.258, p = .020）⇒地域への主体的関与，傾聴時間（0.109, p = .324）⇒ 地域への主体的関与（R^2 = .068）となり，適合度指標はAIC = 1270.995であった。すなわち仮説に反して，傾聴練習が人生満足感を経て地域への主体的関与をごくわずかに減少させるという間接効果（−0.005）がみられた。間接効果と直接効果を合わせた総合効果は0.06であった。

さらに「地域への愛着」についてパス解析を行った。その結果，各パスの推定値は，傾聴時間（−0.194, p = .079）⇒人生満足感（R^2 = .038），人生満足感（0.382, p = .000）⇒ 地域への愛着，傾聴時間（0.200, p = .058）⇒ 地域への愛着（R^2 = .156）となり，適合度指標はAIC = 1223.387であった（図５−３）。すなわち，傾聴練習は２つのルートを通して地域への愛着に影響していた。ひ

表5-2　地域コミュニティに対する態度尺度の因子分析

カテゴリー	I	II	III	共通性
14. 地域での問題解決には，住民と行政が対等な関係を築くことが重要である	0.937	−0.028	−0.095	1.02
5. 生活する以上，自分の不満や欲求をできるだけ行政に反映させていくのは当然の権利である	0.707	0.1	−0.283	1.36
8. 地域を良くするためには住民がすることに行政がすることに行政側が積極的に協力すべきだ	0.641	0.351	−0.128	1.64
13. 地域の小学校で，学習支援をする大学生ボランティアを探していたら，自分で応募するか活動できそうな知りあいに呼びかけるなどして協力したい	0.634	−0.418	0.293	2.2
7. 地域を良くするための署名活動などがあれば，協力したい	0.508	0.158	0.119	1.31
11. 地域に住むからには少しでも住み心地が良くなるようにしたい	0.365	0.337	0.092	2.12
9. 人から地域の悪口を言われたら，自分の悪口を言われたような気になる	0.322	−0.024	0.203	1.7
2. 地域の将来にかかわる重大なことには，住民である自分たちで決めたい	−0.087	0.884	−0.076	1.03
1. 住みよい地域づくりのために自分から積極的に活動していきたい	−0.036	0.856	0.161	1.07
10. 地域社会の一員として，何か地域社会のために貢献したい	0.366	0.588	0.058	1.7
4. 地域のために自分にもできるボランティア活動があれば，参加したい	0.295	0.475	0.16	1.94
3. 今住んでいる地域に誇りとか愛情のようなものを感じている	−0.121	0.067	0.941	1.04
6. 今の土地にたまたま生活しているが，さして関心や愛着はない	0.082	−0.064	−0.804	1.03
12. この地域には親しい人が多く，今後もたくさんの人たちと知り合いたいと思う	−0.006	0.341	0.433	1.9
因子寄与	3.13	3.124	2.123	
寄与率	0.224	0.223	0.152	
因子間相関 I		0.656	0.664	
II			0.612	

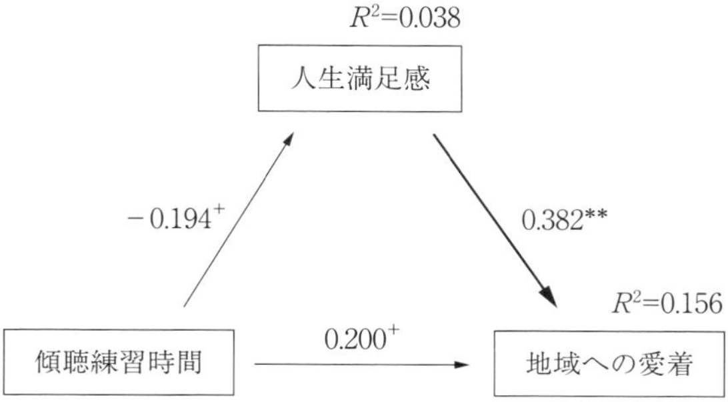

注：数値は標準化推定値，誤差分散は省略

図５−３　地域への愛着のパス解析

とつは，人生満足感を経て地域への主体的関与をごくわずかに減少させるという間接効果（−0.007），もうひとつは傾聴練習が地域への愛着を増加させるという直接効果（0.200）であった。間接効果と直接効果を合わせた総合効果は，0.126であった。

４．考察

傾聴練習が人生満足感を媒介してコミュニティへの態度に影響するかどうかを，パス解析によって検討した。その結果，傾聴練習から行政との関係，地位への主体的関与についての総合効果は低く，良いモデルといえなかった。一方，傾聴練習から地域への愛着については，総合効果とともに直接効果がみられた。すなわち，人生満足感が同程度の人で比較すると，傾聴練習が増えること，地域への愛着がわずかに上昇することが示唆された。傾聴練習が地域への愛着に直接影響した理由は何だろうか。傾聴練習時間の多い群は，ボランティアとして実際に障害者・高齢者にかかわっていた。とりわけ60時間を超える傾聴練習者は，高齢者ディサービスセンターに傾聴実習に出向いていた。彼らはこのような実際の活動を通して人々との関係を肌で感じ，地域に対する愛着を形成したのではないだろうか。この点については今後，彼らに対する面接調査などをふまえて検証する必要がある。

また，仮説に反して，傾聴練習は人生満足感を経て，コミュニティに対する態度をごくわずかに減少させるという間接効果もみられた。傾聴練習が人生満足感を低下させた理由として，「人生に対する満足尺度」の項目が，「私」だけの満足感を測定している点が考えられる。上述したように，傾聴練習時間の多い群は，ボランティアとして実際に障害者・高齢者にかかわっていた。彼らはこのような実際の活動を通して，地域の課題を肌で感じ，「私が満足するだけでいいのだろうか」という疑問に直面した可能性がある。このような人生満足感の低下は，長期的には地域コミュニティに対する態度を促すと思われるが，一時的には地域活動に対する葛藤をもたらすだろう。Hitokoto & Uchida (2015) は，東アジア圏の幸福感の特徴として，協調的幸福感 (interdependent happiness: 他者との調和，人並み感，まわりの人たちも幸せであること) を挙げている。日本においては，人生満足感よりも協調的幸福感のほうが，傾聴練習と地域コミュニティへの態度をうまく媒介するのかもしれない。このような点についても，今後検証する必要がある。

本節では，傾聴体験がコミュニティ感覚に与える影響について，量的な検討を行った。次節では質的な検討を実施する。

第３節　傾聴体験はコミュニティ感覚をどう変えるか ――質的検討

本章では，コミュニティ心理学の研究課題の一つであるコミュニティ感覚について検討してきている。同朋大学の独自資格である認定傾聴士の実習（「傾聴実践実習」）において，実習終了後に学生の成長・変化に関する調査を自由記述形式で実施し，またそれを補完するために半構造化面接を行った。調査内容はKJ法を用いて分析した。まず，単文ごとに単独カードに記入した。それを小カテゴリー化し，さらに大カテゴリー化した。結果では，大カテゴリー〈社会的スキル〉18例の小カテゴリーである［社会貢献］６例，［ボランティア活動等の社会参加］３例など，「コミュニティ感覚への影響」も起きるのではないかと予想され，記述が一部にはあったという結論が導き出された。

このように学生は傾聴体験を通して，学生自身が身近なコミュニティに活かしていこうとする側面がみられた。したがって，眼前の相手の語りに耳を傾けることが，自分や相手の居住する地域コミュニティに対する感覚をどう形成するのか（しないのか），形成するとすればどのようなメカニズムなのか。これらの課題は，傾聴体験がコミュニティ感覚を形成するのではないかというテーマとして，またコミュニティ心理学の理論と実践にとって，ますます重要な話題になると思われる。

なお，ここでいう傾聴体験とは，認定傾聴士養成における「傾聴実践実習」60時間を指す。

１．問題と目的

カウンセリングというと，ロジャーズのクライエント中心療法を指す場合が多い。ロジャーズ流のカウンセリングにおけるもっとも基本的な技法として傾聴が挙げられることはよく知られている。

傾聴練習はさまざまな領域で取り入れられている。例えば，Nelis *et al.* (2011) は，大学生を対象に，傾聴練習（role play on active listening）を含む３日間の心理教育トレーニングによって，感情調節（emotion regulation），幸福感，人生満足感（life satisfaction）対人関係機能（social function）などが向上することを報告した。他者の感情に耳を傾けることは，情動コンピテンス（emotional competence）の技法のひとつとして対人関係をうまく機能させ，人生満足感を高めると考えられる（Kotsou *et al,* 2011）。

そして，「臨床心理行政論」の講義を通して，受講生の地域コミュニティに対する態度が向上することを報告した。本節ではカウンセリングにおける傾聴とコミュニティ感覚との関連について検討してみたい。傾聴とコミュニティ感覚の関連を論じている研究は目に触れない。筆者が関心を寄せているのは，傾聴体験がコミュニティ感覚にどのような影響を与えているかということである。

しかし，本研究では眼前の相手の語りに耳を傾けること，傾聴することが個人だけでなく，個人を取り巻く環境へと拡がり，社会性が育ち，ひいてはコミュニティ感覚が高まるのではないかという仮説を立てた。

さて，この傾聴に関連して，第３章の第３節でも述べたように，同朋大学では，2011年度（2011年４月～）から認定傾聴士資格制度をスタートさせた。2014年度に認定傾聴士養成の完成年度を迎え，４年生に初の「傾聴実践実習」を課し，2014年度末（2015年３月）には，認定傾聴士第１号が誕生した。

本学では，認定傾聴士をカウンセラーの初歩的な資格と捉えている。

そこで，本節では，カウンセリングにおける傾聴とコミュニティ心理学の研究課題であるコミュニティ感覚との関連について検討したい。つまり，傾聴体験がコミュニティ感覚を形成するうえで何らかの影響を与えるであろうという仮説を検証していきたいと考えている。なお，第２節では，量的な検討を行ったが本節では質的な検討を実施する。

なお，本研究における「傾聴体験」とは，「傾聴実践実習」60時間における高齢者の話し相手やコミュニケーションを図った体験などを指している。

２．調査対象者

認定傾聴士の概要については，第３章第３節２．でふれたが，ここでは調査対象となる学生の単位数，実習時間数等の詳細を『同朋大学　学生生活　2014』をもとにみていく。

社会福祉士等の社会福祉関連資格や教員免許を取得する者に与えられる「一種」には23～27単位，他資格を取得しない者に与えられる「二種」には21単位が必要である。なお，二種は文学部学生の資格取得も可能としてある。

第１段階

対象年次：１～４年

「傾聴士資格取得のために必要な指定した科目」を履修する。

第２段階

対象年次：３～４年

「傾聴に関する科目」を履修する。

①「傾聴活動論」〈２単位，15コマ〉

②「傾聴実習指動」（事前学習・事後学習）〈１単位，事前学習４コマ・事後学習４コマ〉

第３段階

対象年次：４年前期～４年後期

「傾聴実践実習」〈２単位，60時間〉

a．学内実習（2014年７月下旬～８月上旬）

ア．学生同士（３時間）

イ．老人クラブを招いて（17時間）

b．学外実習（2014年８月中旬～12月上旬）

高齢者ディサービスにおいて（１日４時間×10日＝40時間）

（学生をペアとして４期にわけて実施）

第４段階

対象年次：４年後期

「傾聴士資格取得のために必要な指定した科目」「傾聴に関する科目」の単位を取得し，卒業見込の学生には下記内容の「面接試験」を実施し，資格を認定した。

「面接試験」（2015年１月下旬）

a．学びを通じて傾聴士とはいったい何か。

b．資格取得後に資格をどのように活用したいと思うか。

３．研究方法

⑴ 調査目的

学生が傾聴体験を通してコミュニティ感覚をどのようにもっているかを調査することを目的とした。

⑵ 調査方法

前述した「面接試験」直前に学生への自由記述質問調査を実施し，「面接試験」終了直後にそれに基づいて補完するために半構造化面接を実施した。

⑶ 調査日時

2015年１月下旬

⑷ 調査場所

同朋大学H207教室

⑸ 調査対象

「傾聴実践実習」受講者８名［(本学文学部４年生１名，社会福祉学部４年生７名)，(文学部１名，社会福祉学部７名)，(男２名，女６名)］であった。

⑹ 調査手続き

「傾聴実践実習」終了後に「あなたの大学生活，ボランティア活動，その他の実習，日常生活において，自分自身が変化・成長したと感じられることを述べてください」という質問に対して自由記述で回答してもらい，それをもとに，１人15分程度の半構造化面接を実施した。ここでいう「傾聴実践実習」終了後とは，「傾聴実践実習」開始日から調査日までであることを学生には示してある。

⑺ 分析方法

KJ法による分析を実施した。まず自由記述調査用紙から記述内容とそれを補完する半構造化面接の結果から単文ごとに抽出をし，単独カードに記入した。それを小カテゴリー化し，さらに大カテゴリー化した。

⑻ 倫理的配慮

学生には，研究目的を説明し，匿名で調査内容を使用することの了解を得ている。

４．研究結果

傾聴体験による自己変化・自己成長の内容を32例抽出することができた。それを表５−３のように８つのカテゴリーと下位カテゴリーに分類することができた。

表５−３より件数の多い順に［１．傾聴の姿勢・空間］７例，［２．社会貢献］６例，［３．人間関係の深まり］６例，［４．コミュニケーション・スキル］４例，［５．より以上の傾聴技術の向上］３例，［６．人間関係の拡がり］３例，［７．ボランティア活動等の社会参加］３例，［８．自己変革］２例に分類された。

８つのカテゴリーそれぞれの下位カテゴリーの内容は次のようになっている。

［１．傾聴の姿勢・空間］７例は，「傾聴できる姿勢，空間が自分で知らない間にできるようになった（５）」と最も件数が多くなっていることが分かる。その他，「人の話を聞くことの大切さが少しわかった（１）」「自分自身の傾聴の態度を振り返り，反省した（１）」となっている。

［２．社会貢献］６例は，「傾聴の態度を今後の生活や仕事の場面で役立てたい（２）」「援助場面だけでなく日常的な会話でも必要な技術である（１）」「これから（大学を卒業して）社会に出て多くの人の話を聴きたい（１）」「傾聴士の資格を世の中に広めていきたい（１）」となっていることがわかる。

［３．人間関係の深まり］６例は，「自分自身の気持ちも話せるようになり，以前より関系が深くなった（１）」「ボランティア活動で相談を受けた後で話して良かったと言われた（１）」「利用者（高齢者）がどんなことに関心があるか分かるようになった（１）」「祖母が話を聴いてくれるようになって嬉しいというようなった（１）」「人と話すことが「怖い」という思いが以前はあったが，少し少なくなった（１）」「以前より人と話すことが好きになった（１）」となっている。

［４．コミュニケーション・スキル］４例は，「話す時に相手のことを考えて，話せるようになった（１）」「バイトの接客でも以前と比べて傾聴できるようになった（１）」「友人との会話時にじっくり聴くことができるようになった（１）」

表5-3　KJ法による「８カテゴリー」と「下位カテゴリー（記述・語り内容）」

カテゴリー	下位カテゴリー
1．傾聴の姿勢・空間（７例）	・傾聴できる姿勢，空間が自分で知らない間にできるようになった（５） ・人の話を聞くことの大切さが少しわかった（１） ・自分自身の傾聴の態度を振り返り，反省した（１）
2．社会貢献（６例）	・傾聴の態度を今後の生活や仕事の場面で役立てたい（２） ・援助場面だけでなく日常的な会話でも必要な技術である（２） ・これから（大学を卒業して）社会に出て多くの人の話を聴きたい（１） ・傾聴士の資格を世の中に広めていきたい（１）
3．人間関係の深まり（６例）	・自分自身の気持ちも話せるようになり，以前より関系が深くなった（１） ・ボランティア活動で相談を受けた。後で話して良かったと言われた（１） ・利用者（高齢者）がどんなことに関心があるか分かるようなった（１） ・祖母が話を聴いてくれるようになって嬉しいというようになった（１） ・人と話すことが「怖い」という思いが以前はあったが，少し少なくなった（１） ・以前より人と話すことが好きになった（１）
4．コミュニケーション・スキル（４例）	・話す時に相手のことを考えて，話せるようになった（１） ・バイトの接客でも以前と比べて傾聴できるようになった（１） ・友人との会話時にじっくり聴くことができるようになった（１） ・利用者（高齢者）がどのような話をするとどのような表情，感情になるかが分かるようになった（１）
5．より以上の傾聴技術の向上（３例）	・傾聴の腕をもっとみがきたい（２） ・今回は高齢者との傾聴実習であったが子どもとも少しかかわりたかった（１）
6．人間関係の拡がり（３例）	・ボランティア活動で話したことのない人から話しかけられるようになった（１） ・男の人と話すのが苦手であったが話せるようになった（１） ・もっと人の話を聴いてみたい（１）
7．ボランティア活動等の社会参加（３例）	・ボランティア活動に参加した（１） ・ボランティア活動で意見が言えるようになった（１） ・ボランティア活動以外のノートテイクアルバイト（施設とヘルパー）に挑戦した（１）
8．自己変革（２例）	・積極的に何かをすることや意見を言うことなどが少しずつできるようなった（１） ・何かに脅えないで物事につき進むことができるようになった（１）

記述内容は調査対象者の記述のままである。

「利用者（高齢者）がどのような話をするとどのような表情，感情になるかが分かるようになった（1）」とコミュニケーション・スキルの高まりを表すような内容となっていることがわかる。

［5. より以上の傾聴技術の向上］３例は,「傾聴の腕をもっとみがきたい（2）」「今回は高齢者との傾聴実習であったが子どもとも少しかかわりたかった（1）」となっている。学生の中には，高齢者のみでなく，児童との傾聴体験も望んでいることがわかった。

［6. 人間関係の拡がり］３例は，「ボランティア活動で話したことのない人から話しかけられるようになった（1）」「男の人と話すのが苦手であったが話せるようになった（1）」「もっと人の話を聴いてみたい（1）」となっている。

［7. ボランティア活動等の社会参加］３例は，「ボランティア活動に参加した（1）」「ボランティア活動で意見が言えるようになった（1）」「ボランティア活動以外のノートテイクアルバイト（施設とヘルパー）に挑戦した（1）」と社会参加への拡がりが見られた。

最後に［8. 自己変革］２例として，次のような内容であった。それは,「積極的に何かをすることや意見を言うことなどが少しずつできるようなった（1）」「何かに脅えないで物事につき進むことができるようになった（1）」となっている。

5．考察

まず，考察の論点を明確にしておきたい。学生の変化は，①狭い意味の傾聴体験（「傾聴実践実習」の60時間中），②その他の実習，③その他の授業履修，④大学構内での体験，⑤大学外のアルバイトや家庭・親戚・友人との体験，⑥読書等個人的な体験，⑦その他の要素で起きるのではないかと思われる。ここでは，①狭い意味の傾聴体験（「傾聴実践実習」の60時間中）に論点を絞り考察を進めていきたい。

⑴ 大カテゴリーの抽出

表5−3の８カテゴリーからさらに大カテゴリーの抽出を試みた。その結果，図５−４のように，大カテゴリーとして〈傾聴のスキル〉14例，〈社会的スキル〉18例，その他いずれにも属さない〈自己変革〉２例とそれぞれ命名し，分類することができた。

〈傾聴のスキル〉に関する内容は，小カテゴリーとして［傾聴の姿勢・空間］７例，［コミュニケーション・スキル］４例，［より以上の傾聴技術の向上］３例となった。〈社会的スキル〉に関する内容については，小カテゴリーとして［社会貢献］６例，［人間関係の深まり］６例，［人間関係の拡がり］３例，［ボランティア活動等の社会参加］３例となった。

⑵ 傾聴体験による自己の変化・自己成長について

これらのことから傾聴体験が学生の自己の変化・自己成長にどのような影響を及ぼしているのか考察を深めたい。図５−４のように〈傾聴のスキル〉に関する大カテゴリーが抽出できたのかといえば，傾聴体験そのものが学生の傾聴やそれに関連するコミュニケーションを高めるなどの直接的な要因となっているのではないかと考えられる。これは当然予測できたことである。

次に，〈社会的スキル〉に関する大カテゴリーが抽出できたことは，学生の社会性の高まりを意味していると考えられる。このことは，学生同士の傾聴体験のみでなく，地域にある高齢者施設に出向いての実習，また地域の老人クラブの高齢者を対象とした実習など，傾聴体験を通じての身近な地域の人々とのかかわりが社会性の高まりに影響していると考えられる。

さらに，件数は２例と少ないが〈傾聴のスキル〉〈社会的スキル〉以外に〈自己変革〉の内容が抽出できたことは注目すべき点である。〈自己変革〉のカテゴリーの内容を見ると，「積極的に何かをすることや意見を言うことなどが少しずつできるようなった（1）」「何かに脅えないで物事につき進むことができるようになった（1）」となっている。これらの内容から，傾聴体験は，眼前にいる人と向かい合い，時には視線を合わせて，本音でコミュニケーションを図るため，人との直面性が高い体験であると考えられる。件数こそ少ないが，

傾聴のスキル（14）

傾聴の姿勢・空間（7）

・傾聴できる姿勢，空間が自分で知らない間にできるようになった(5)
・人の話を聞くことの大切さが少しわかった（1)
・自分自身の傾聴の態度を振り返り，反省した（1)

コミュニケーション・スキル（4）

・話す時に相手のことを考えて，話せるようになった（1)
・バイトの接客でも以前と比べて傾聴できるようになった（1)
・友人との会話時にじっくり聴くことができるようになった（1)
・利用者（高齢者）がどのような話をするとどのような表情，感情になるかが分かるようになった（1)

より以上の傾聴技術の向上（3）

・傾聴の腕をもっとみがきたい(2)
・今回は高齢者との傾聴実習であったが子どもとも少しかかわりたかった（1)

自己変革（2）

・積極的に何かをすることや意見を言うことなどが少しずつできるようなった（1)
・何かに脅えないで物事につき進むことができるようになった（1)

社会的スキル（18）

社会貢献（6）

・傾聴の態度を今後の生活や仕事の場面で役立てたい（2)
・援助場面だけでなく日常的な会話でも必要な技術である（2)
・これから（大学を卒業して）社会に出て多くの人の話を聴きたい（1)
・傾聴士の資格を世の中に広めていきたい(1)

人間関係の深まり（6）

・自分自身の気持ちも話せるようになり，以前より関系が深くなった（1)
・ボランティア活動で相談を受けた。後で話して良かったと言われた（1)
・利用者（高齢者）がどんなことに関心があるか分かるようなった（1)
・祖母が話を聴いてくれるようになって嬉しいというようになった（1)
・人と話すことが「怖い」という思いが以前はあったが，少し少なくなった（1)
・以前より人と話すことが好きになった（1)

人間関係の拡がり（3）

・ボランティア活動で話したことのない人から話しかけられるようになった（1)
・男の人と話すのが苦手であったが話せるようになった（1)
・もっと人の話を聴いてみたい（1)

ボランティア活動等の社会参加（3）

・ボランティア活動に参加した（1)
・ボランティア活動で意見が言えるようになった（1)
・ボランティア活動以外のノートテイクアルバイト（施設とヘルパー）に挑戦した（1)

図５－４　傾聴体験による自己の変化・自己成長

学生が傾聴という方法を用いて直面性の高い体験を積み重ねた結果として，このようなカテゴリーを抽出できたのではないかと考える。

(3) 傾聴体験がコミュニティ感覚に与える影響について

ここでは先に述べた学生の「傾聴体験による自己の変化・自己成長」の観点をさらに発展させて，傾聴体験とコミュニティ感覚の関連について考察を試みたい。

McMilla & Chavis (1986) は，コミュニティ感覚の構成要素として，「メンバーシップ」「影響力」「統合とニーズの充足」「情緒的結合の共有」の４つを挙げている。これらについて，植村 (2012) によってその詳細やコミュニティ感覚尺度の試訳がなされている。また，笹尾 (2007) のコミュニティ尺度の研究がある。しかし，図５−４のカテゴリーはこれらのコミュニティ感覚の構成要素の特徴として類似するものもあるが当てはめて考えにくい。

本研究では眼前の相手の語りに耳を傾けること，傾聴することが個人だけでなく，個人を取り巻く環境への関心へと拡がり，社会性が育ちひいてはコミュニティ感覚が高まるのではないかという仮説をもとに調査研究を実施した。そこで，図５−４のように，大カテゴリー〈社会的スキル〉18例の中の小カテゴリーである［社会貢献］６例，［ボランティア活動等の社会参加］３例など，「コミュニティ感覚への影響」も起きるのではないかと予想され，記述が一部にはあったという結論が導き出せた。すなわち，全件数34例の内９例 (26.5%)，社会的スキル18例の内９例 (50%) はコミュニティ感覚に関連するものと考えられる。

学生には，傾聴体験を通して，〈社会的スキル〉のカテゴリーに表れているように，学生自身が身近なコミュニティに活かしていこうとする側面がみられる。ともあれ，眼前の相手の語りに耳を傾けることが，自分や相手の居住する地域コミュニティに対する感覚をどう形成するのか (しないのか)，形成するとすればどのようなメカニズムなのか。これらの課題は，傾聴体験がコミュニティ感覚を形成するのではないかというテーマとして，またコミュニティ心理学の理論と実践にとって，ますます重要な話題になると思われる。

６．今後の課題

今回の調査研究における研究対象では，調査者が面接官兼成績評価者の役割も負っていたため，調査協力者である学生は合格を狙った体験を語ることもあったかもしれず，調査計画が適切ではなかったと考える。今後の調査ではこのような点を改善していきたい。

今後は，質的な側面，量的な側面の両面から，さらなる傾聴体験とコミュニティ感覚の関連について研究していきたいと考えている。具体的には，認定傾聴士関連やカウンセリング関連の授業において，傾聴練習の前後に共通のコミュニティ感覚尺度の質問紙を用いて調査を実施して統計的分析を行い，カウンセリングの傾聴体験がコミュニティ感覚に及ぼす影響の有無を検討していきたいと考えている。

第6章
総合考察

本章では，総合考察として，まず第１節で本研究における傾聴の立場について明らかにし，第２節で臨床心理地域援助における相互性，そして第３節として臨床心理地域「援助」から臨床心理地域「形成」へ，最後に第４節として今後の課題について述べることにする。

第１節　本研究における傾聴の立場

傾聴について，ロジャーズは「オウム返しの技法」と他職種から馬鹿にされ，このことを気にして，それ以来一切，公開していないようである。その後，ロジャーズは，カウンセラーの態度に焦点を当てるようになり，自己一致（誠実さ），無条件の肯定的な眼差し，共感的理解を「パーソナリティ変化の必要にして十分条件」について述べるようになった（Rogers, 1957）。つまり，この態度や人間関係が一定期間続くことによって人格変化が見られるであろうという仮説である。これは傾聴とは関係ないようである。

本書では，以上のことについて一切触れておらず，カウンセリングの技能について傾聴，受容，共感と述べていることに批判があろう。傾聴，受容，共感のフレーズは，おそらく日本において展開され，形骸化された誤った理解ではないかと考える。

第３章で取り上げた傾聴ボランティア養成講座等において，受講者に対して傾聴の技能，受容的態度，共感的理解を強調してきた。つまり，傾聴ボランティアは対象者である高齢者を受け容れ，高齢者の話を聴かなければならないと伝えてきた。ロジャーズは，「私は私自身であり続け，それでいて，あなたのあなたらしさを尊重する。あなたに合わせ，あなたを受容しなければならない」と思ってはいない。

本書における傾聴は，ひたすら受容しなければならないというスタンスを傾聴ボランティアに強いる傾向があり，ロジャーズの立場と同質とは言い難い。

ところで，傾聴ボランティア養成講座を受講する人は，20歳代から70歳代まで様々である。参加動機に関しては，約60％の人が社会貢献である（表３−３）。そのうち，ごく一部ではあるが約10％の人は，傾聴ボランティアの経験を通じて傾聴に対する意識をさらに高めたことがわかった。このような人々には，ロジャーズの理論（自己一致（誠実さ），無条件の肯定的な眼差し，共感的理解を「パーソナリティ変化の必要にして十分条件」）の重要性を伝え，質の高い傾聴ボランティアを養成していくが必要であると考える。質の高い傾聴ボランティアは，本章第３節で述べる臨床心理地域「形成」，ひいては共生社会をリードしていく地域の人材となっていく可能性をもっているためである。

しかし，そうでない人が大半であり，これらの人が地域活動を担っていくことが現実である。したがって，これらの人に対しては，話し手の話を遮らないで聴くこと，つまり，傾聴ボランティアは対象者である高齢者を受け容れ，話を聴く姿勢をもつことが肝要であることを繰り返し伝えていくべきと考えている。

第２節　臨床心理地域援助における相互性

地域社会には，様々な支援を必要とする多様な人々がいる。このような社会で，専門家による伝統的な心理療法だけでなく，専門家がボランティアと協働・連携した支援のあり方が必要に迫られている。本書では，臨床心理地域援助を「臨床心理査定技法，臨床心理面接技法を包含しつつ，地域住民やボランティアの人々との協力，連携を図りながら，クライエントを取り巻く家族，集団，組織，地域社会といった環境に働きかけて，クライエントの心の問題解決や成長・発展を促すこと」と定義し，傾聴ボランティアの養成の実際と課題について述べてきた。

ボランティアリングとカウンセリングは相違点も多いが,「動機」「人間関係」「傾聴・受容・共感」「コミュニケーション」「守秘義務」といった共通性もある。筆者は,良いボランティアが育つと良いカウンセラーが育つ,逆に良いカウンセラーが育つと良いボランティアが育つという信念にもとづいて,長年,傾聴ボランティアの養成にかかわってきた。

本書第2章では,不登校児の事例研究を通して,臨床心理士とボランティアの協働・連携による支援のあり方を考察した。事例の不登校児は,当初ボランティアされる側であったが,社会人や学生のボランティアとのかかわりによって,やがてボランティアをする側に成長していった。ここから,筆者はボランティアをする側とされる側の相互性に注目した。相互性の概念は,哲学,社会学,比較行動学,看護学などで論じられている。支える人と支えられる人が入れ替わる可能性,あるいはその時系列的な連鎖が,共生社会の基盤になる。岡本(2011)は,共生の概念について,「〈社会の中の多様性の尊重〉の上に〈社会の凝集性〉を実現しようとする概念であること」と述べている。

内閣府における共生社会形成促進のための政策研究会(2005)は,①各人が,しっかりとした自分を持ちながら,帰属意識を持ちうる社会,②各人が,異質で多様な他者を,互いに理解し,認め合い,受け入れる社会,③年齢,障害の有無,性別などの属性だけで排除や別扱いされない社会,④支え,支えられながら,すべての人が様々な形で参加・貢献する社会,⑤多様なつながりと,様々な接触機会が豊富にみられる社会を共生社会としている。

それでは,傾聴ボランティアには,どのような相互性があるのだろうか。本書第4章,第5章では,傾聴ボランティア養成講座の受講生が,どのように①傾聴する能力(傾聴の技能),②自己成長,③コミュニティ感覚を高めるかを検討した。傾聴する側と傾聴される側は,共感的な関係を通して,実際に影響し合うことが示唆された。本書第4章第3節においては,傾聴する側(聴き手)と傾聴される側(話し手)は,どちらも高齢者であった。傾聴する側は,いずれ自分も高齢者となって,傾聴される側に移行していくことを考えたであろう。傾聴ボランティアが自己成長(傾聴スキルと精神性のバランスの良さ,傾聴スキルの高い習熟と語り手への深い理解,日常生活の人間関係の見直し等の特徴），コミュニティ感覚（地域への愛着）を持ち合わせることで，支える人が支えられる人になる時系列的な連鎖が，スムーズに継続されていくと考えられる。すなわち，それが共生社会になると，推測できる。

第３節　臨床心理地域「援助」から臨床心理地域「形成」へ

地域社会を支えていた人々が，いずれ高齢者となり支えられる。地域社会の相互性の特徴はそこにある。傾聴ボランティアの養成を通して，臨床心理地域「援助」から臨床心理地域「形成」（地域づくり）を目指すことの必要性も，ここにある。

傾聴ボランティアは，単に「傾聴する側－傾聴される側」という関係に留まるのではない。傾聴ボランティア自身が成長し，地域社会の中でコミュニティ感覚を高めることで，支える人と支えられる人が入れ替わるような社会，すなわち相互性をもった地域社会が形成される。相互性をもった地域社会は，うつ病や自殺，認知症の予防に役立つ精神的に豊かな地域ということができる。ここに傾聴ボランティアの臨床心理学的意義があると考える（図６－１）。

実際に，傾聴ボランティアの波及効果も生じている。筆者が養成に関わっている社会福祉協議会では，「あんしん電話」や「ふれあいサロン」といった，ボランティアによる独自な活動が展開しつつある（図６－２）。「あんしん電話」は，独居高齢者の安否確認を電話で行うもので，話し相手にもなっている。「ふれあいサロン」は，高齢者に居場所を提供するもので，これも話し相手になっている。さらに，傾聴ボランティアの養成講座を修了し，独自に活動している人もいる。

「あんしん電話」ボランティアの例を挙げておこう。独居高齢者Aさんは，ほぼひきこもっており，週１回の「あんしん電話」が唯一，コミュニケーションを図る機会であった。心配になったボランティア担当者が社会福祉協議会（ボランティアセンター）の職員に相談し，「あんしん電話」を継続することに加えて，話し相手（傾聴）ボランティアを週１回派遣することとなった。驚くこ

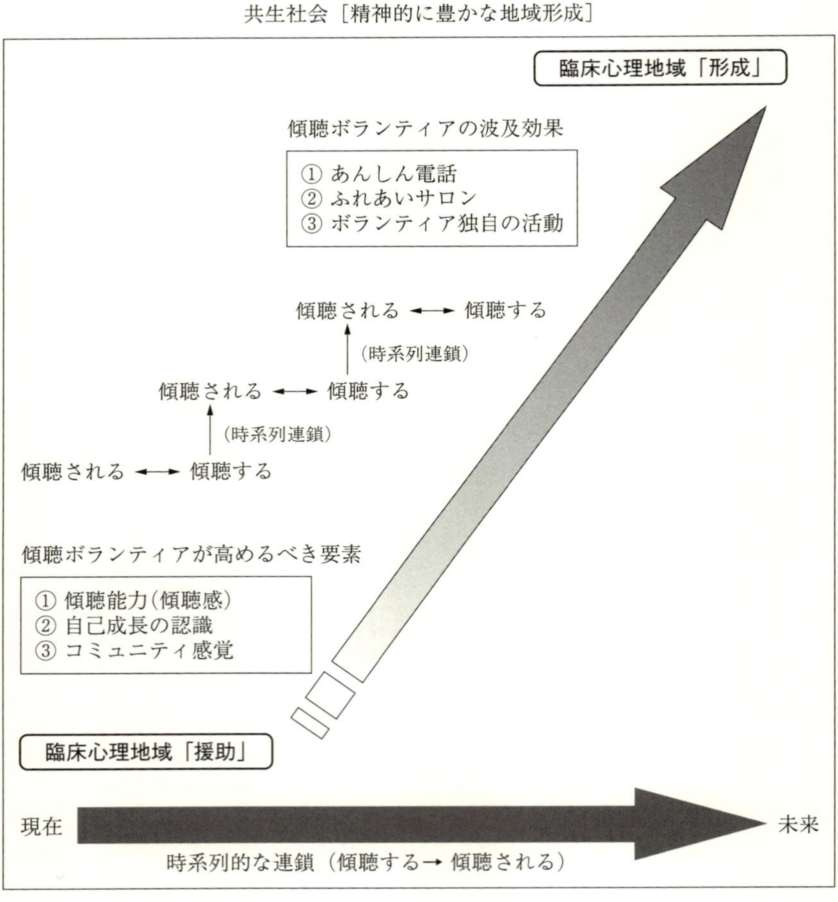

図6－1　臨床心理地域「援助」から臨床心理地域「形成」へ

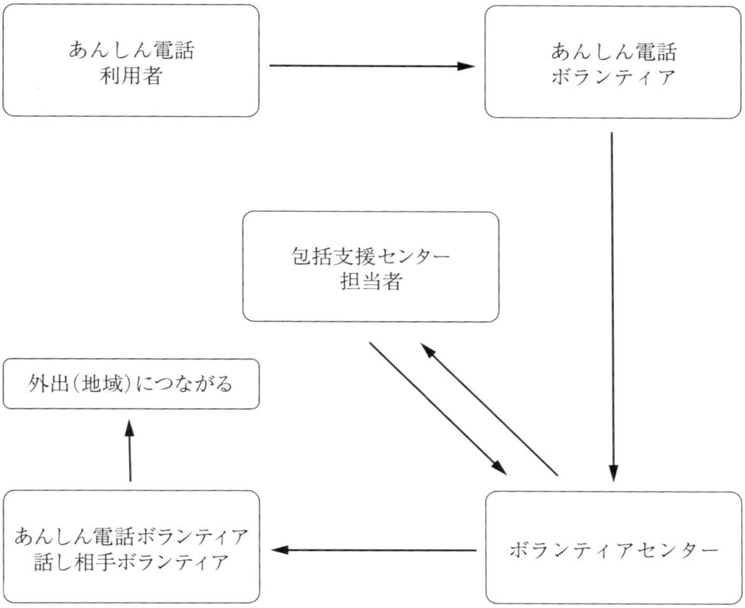

図６−２　傾聴ボランティアの波及効果の例（あんしん電話）
（いなべ市社会福祉協議会，2017を参考に作成）

とに，この取り組みによって，Ａさんは「ふれあいサロン」にも参加するようになった。

前節で述べた相互性のパターンには，①支えられる側から支える側へ，②支える側から支えられる側への２つがあると考えられる。傾聴ボランティアの場合は②のパターンで傾聴する側から傾聴される側へのパターンである。傾聴する側は20歳代から70歳代まで様々である。傾聴される側は70歳以上が多い。支える側の傾聴ボランティアは，自分もいずれ傾聴する側から傾聴される側へと移行する可能性を意識しているだろう。傾聴ボランティアは，将来の自分の姿をそこに投影するがゆえに，心から傾聴できると考えられる。「あんしん電話」や「ふれあいサロン」のような展開は，臨床心理地域「形成」への大切な一歩だと考えている。

第4節　今後の課題

本書では，傾聴ボランティアへのインタビュー調査は実施したが，傾聴する側から傾聴される側に移行した人々への調査は実施していない。将来的には，このような調査によって，相互性と臨床心理地域「形成」の関連をさらに考察したい。また，本書では，行政機関における傾聴ボランティアの養成，大学における認定傾聴士の養成を紹介した。今後は，行政機関・大学・実習施設の三者が協働・連携して，傾聴士を認定することを試みたい。これも，臨床心理地域「形成」のひとつであると考えている。

謝　辞

本書の出版にあたり，また本書の基となる博士論文をまとめるにあたり，関西大学大学院心理学研究科・関西大学文学部 教授 串崎真志先生のご指導，ご助言をいただきました。ここに深く感謝の意を表します。

おわりに

本書を刊行することができましたのは，多くの皆様のご協力があってのことです。ここに感謝の意を表したいと思います。

まず，謝辞でも述べさせていただきましたが，改めまして博士論文執筆から本書刊行に至るまで，ご指導，ご助言をいただきました関西大学大学院心理学研究科・関西大学文学部教授の串崎真志先生に深く感謝申し上げます。串崎ゼミの院生の皆様にも貴重なご意見をいただき感謝いたします。

また，筆者を温かく見守り，叱咤激励くださいました同朋大学大学院客員教授（名古屋大学名誉教授）の田畑治先生，愛知学院大学教授の片山和男先生，前名古屋芸術大学保育専門学校副校長の畔柳守男先生，名古屋文理大学副学長・教授の山田ゆかり先生，同朋大学特任教授の伊東眞理子先生，同朋大学特任教授の大住誠先生，そして同朋大学准教授の石牧良浩先生に深く謝意を表します。

さらには，いなべ市社会福祉協議会をはじめご縁をいただいた市町村の福祉課や社会福祉協議会の専門職員の皆様，そして各地域で活躍されている傾聴ボランティアの皆様のご協力を得ることができました。ここに厚くお礼申し上げます。

現代社会は，子どものいじめや不登校，大人のうつ病や認知症，さらには自殺まで様々な問題を抱え，精神性が低下していると考えられます。このような状況の中で，筆者は傾聴ボランティアの養成を通して，精神的な豊かなまちづくりを展開していきたいという壮大なヴィジョンを描いています。これは簡単に達成できるものではありません。しかし，地道に「傾聴する側（聴き手）」「傾聴される側（話し手）」という相互性を形成していくことによって，地域社会の精神性が高まり，ひいては安全・安心なまちづくりへと繋がっていくと考えています。このようなことから本書が少しでも社会のお役に立てるよう願っています。

最後になりましたが，本書の出版は同朋大学同窓会から出版助成金をいただくことによって実現いたしました。ここに同窓会の皆様に感謝申し上げます。また，本書の企画および刊行にあたっては，(株)樹村房の安田愛さんをはじめ編集部の皆様にひとかたならぬお世話をいただきました。ここに，心より謝意を表します。

2019年３月

目黒　達哉

引用・参考文献

American Association of Senior Peer Counseling (2015). AASPC history. http://aaspc-programs.org/（2016年12月3日）

安藤 延男（編）(1979). コミュニティ心理学への道　新曜社

安藤 延男（編）(1989). コミュニティ再生　現代のエスプリ, *269*, 至文堂

安藤 延男（1999a). 成熟社会の地域と企業──福岡県立大学づくりの実践から──集団力学研究所紀要, *16*, 11–24.

安藤 延男（1999b). 教育組織の設計と立ち上げおよびその評価──某公立大学での8年間を検証する──　コミュニティ心理学研究, *3*, 33–43.

荒居 和子（2006). 傾聴ボランティア活動の実態と身体的, 心理的, 社会的要因との関連　東京国際大学大学院国際学研究科老年学専攻修士論文要旨

荒木 孝治（2001). 慢性精神分裂病患者への傾聴の効用について──思考障害を持つ患者への理解の変化を分析して──　大阪府立看護大学紀要, *7*, 39–45.

Beck, U. (1986). *Risikogesellschai auf dem Weg in eine andere Moderne.*（東 廉・伊藤美登里（訳）(1998). 危険社会　法政大学出版局）

Bennett, C. C., Anderson, L. S., Cooper, S., Hassol, L., Klein, D. C. & Rosenblum, G. (Eds.). (1966). *Community psychology: A report of the Boston conference on the education of psychologists for community mental health.* Boston University Press.

Bloom, B. L. (1973). *Community mental helth: A historical and critical analysis.* Morristown, N J: General Learnig Prss.

Blumer, H, G. (1969). *Symbolic interactionism: Perspective and method.* Prentice-Hall.（後藤 将之（訳）(1991). シンボリック相互作用論──パースペクティヴと方法──　勁草書房）

Brayler, N., Obst, P. L., White, K. M., & Spencer, N. M. (2014). Exploring the validity and predictive power of an extended volunteer functions inventory within the context of episodic skilled volunteering by retirees, *Journal of Community Psychology, 42*, 1-18.

Christens. B. D., Speer. P., Peterson. A. (2011). Social class as moderator of the relationship between (dis)empowering processes and psychological empowerment. *Journal of Community Psychology, 39*, 170-182

Chavis, D. M., Hogge, J. H., McMillan, D. W., & Wandersman, A. (1986) Sense of community through Brunswik's lens: A first look. *Journal of Community Psychology, 14*, 24-40

Chavis, D. M. (2007). https://www.senseofcommunity.com/soc-index/

Cicognani, E., Klimstra, T., & Goossens, L. (2014). Sense of community, identity statuses, and loneliness in adolescence: A cross-national study on Italian and Belgian youth. *Journal of Community Psychology, 42,* 414-432.

Cowie, H., & Hutson, N. (2005). Peer support: A strategy to help bystanders challenge school bullying. *Pastoral Care in Education, 23,* 40-44.

Cowie, H., Naylor, P., Talamelli, L., Chauhan, L. T., & Smith, P. K. (2002). Knowledge, use of and attitudes towards peer support: A 2-year follow-up to the Prince's Trust survey. *Journal of Early Adolescence, 25,* 453-467.

Crane-Okada, R., Freeman, E., Kiger, H., Ross, M., Elashoff, D., Deacon, L., & Giuliano, A. E. (2012). Senior peer counseling by telephone for psychosocial support after breast cancer surgery: Effects at six months. *Oncology Nursing Forum, 39,* 78-89.

Crane-Okada, R., Freeman, E., Ross, M., Kiger, H., & Giuliano, A. E. (2010). Training senior peer counselors to provide telephone support for newly diagnosed breast cancer survivors. *Journal of Cancer Education, 25,* 174-179.

Dalton, J.H., Elias, M.J., & Wandersman, A. (2001). Community Psychology: Linkig individuals and communities. *Wadsworth.*

同朋大学（2017）．各種資格課程（履修要項）傾聴士資格課程　学生生活，53-58.

Duncan, N., Bowman, B., Naidoo, A., Pillay, J., & Roos, V. (2007). *Community psychology: Analysis, context and action.* Cape Town, South Africa: UCT Press.

Freeman, E. (1999). Peer counseling for seniors. In M. A. Ross (Ed.), CA: Center For Healthy Aging.

藤野 信行（2004）．ボランティアのための福祉心理学　NHK出版

福島 里美・鵜養 美昭（2013）．臨床心理行政論の授業が女子大学生の地域コミュニティに対する態度に及ぼす影響　コミュニティ心理学研究，*17,* 46–62.

船津 衛・宝月 誠（1995）．シンボリック相互作用論の世界　恒星社厚生閣

船津 衛・山田 真茂留・浅川 達人（編著）（2014）．21世紀社会とは何か――「現代社会学」入門――　恒星社厚生館

学校法人NHK学園（2011）．傾聴講座入門編テキスト1・2　NHK学園

Garcia, Y. E., Metha, A., Perfect, M. C., & McWhirter, J. J. (1997). A senior peer counseling program: Evaluation of training and benefits to counselors. *Educational Gerontology, 23,* 329-344.

Giddens,A. (1993). New rules of sociological method: A positive critique of interpretative sociologies (2nd Ed.). London: Blackwell Publisher.（松尾 精文他（訳）（2000）．社会学の新しい方法基準　第二版　丙立書房）

岐阜経済大学（2002）．岐阜県コミュニティ診断士　https://www.gifu-keizai.ac.jp/universityarea/gifu_community/index.html

具志堅 伸隆・下家 義弘（2010）．素朴な信仰心に関する基礎的研究⑵ 日本心理学会第74回大会発表論文集，280.

橋本 和幸（2015）．公立中学校におけるスクールカウンセラー制度に関わる校内制度の

整備　カウンセリング研究, *48*, 86–96.

Hidalgo, M. C., Moreno-Jimenez, P., & Quinonero, J. (2013). Positive effects of voluntary activity in old adults. *Journal of Community Psychology, 41*, 188-199.

Hitokoto, H., & Uchida, Y. (2015). Interdependent happiness: Theoretical importance and measurement validity. *Journal of Happiness Studies, 16*(1), 211-239.

Hombrados-Mendieta, M. I., Dominguez-Fuentes, J. M., Garcia-Leiva, P, &Gomez-Jacinto, L. (2013). Sense of community and satisfaction with life among immigrants and the native population. *Journal of Community Psychology, 41*(5), 601-614.

保科 寧子・中島 和代（2007）．話し相手ボランティアによる高齢者支援の可能性——若年認知症高齢者支援の事例から——　社会事業研究, *46*, 261–263.

保科 寧子・奥野 英子（2008）．在宅高齢者を対象として対話や交流を行うボランティアの機能分析——話し相手ボランティアの事例分析から——　社会福祉学研究, *49*, 111–122.

細野 宏通（2016）．介護するからだ　医学書院

Hughey, J., Speer, P. N., & Peterson, A. N. (1999). Sense of community in community organizations: Structure and evidence of validity. *Journal of Community Psychology, 27*, 97-113.

Hughey, J., & Speer, P. (2002). Community, sense of community, and networks.

茨木 博子（2005）．カウンセリング技法　福屋 武人（編）現代の臨床心理学（pp.139–154）学術図書出版社

池田 満（2006）．大学生の心理的コミュニティ感覚——日本と韓国の異文化間比較——国際基督教大学学報, I-A, 教育研究, *48*, 151–160.

Ikemi, A. (2017). The radical impact of experiencing on psychotherapy theory: An examination of two kinds of crossings. *Person-Centered and Experiential Psychotherapies, 16*, 159-172.

井上 麻衣・久田 満（2015）．大学生における所属大学へのコミュニティ感覚——測定尺度の開発と要因の検討——　上智大学心理学年報, *39*, 53–60.

入江幸男（2002）．ボランティア活動についての哲学的研究　ボランティア活動研究, *11*, 1–10.

伊勢田堯・長谷川憲一・小川一夫（編）（2012）．生活臨床の基本　日本評論社

岩手大学（2009）．環境管理実務士　http://www.iwate-u.ac.jp/ecoedu/CEMS.html

岩手県立大学社会福祉学部（2009）．コミュニティ・カウンセラー教育・研修プログラムの開発・実施　平成20年度委託業務成果報告書

いなべ市社会福祉協議会（2017）．いなべ市における話し相手ボランティアの実践資料

糸魚川 直祐・南 徹弘（共編）（1998）．サルとヒトのエソロジー　培風館

Jason, L. A., Stevens, E., & Ram, D. (2015). Development of a three-factor psychological sense of community scale. *Journal of Community Psychology, 43*, 973-985.

角野 善司（1994）．人生に対する満足尺度（the Satisfaction with Life Scale［SWLS]）

日本版作成の試み　日本教育心理学会第36回総会発表論文集，192.
蒲池 和明・兒玉 憲一（2010）．中高年ボランティアの参加動機，継続動機，成果認識の関連　コミュニティ心理学研究，*14*，52–67.
カーシェンバウム，H.，ヘンダーソン，V. L.（編）伊東博・杉山正治（監訳）（2001）．ロジャーズ全集　誠信書房
河合 隼雄（1976）．カウンセリングの実際問題　誠信書房
川喜田 二郎（1967）．発想法　中公新書
川喜田 二郎（1996）．KJ法――渾沌をして語らしめる――　中央公論社
河﨑 俊博・池見 陽（2014）．非指示的心理療法の時代に観られるCarl RogersのReflectionという応答　サイコロジスト（関西大学臨床心理専門職大学院紀要），*4*，21–30.
河﨑 俊博（2016）．人間性心理学　串崎真志（編著）藤田哲也（監修）絶対役立つ臨床心理学――カウンセラーを目指さないあなたにも――（pp.165–176）ミネルヴァ書房
経済産業省（2006）．社会人基礎力　http://www.meti.go.jp/policy/kisoryoku/
岸 奈生子・會田 信子・緒形 明美・小林 尚子・長屋 央子・高木 真心美・大八木 美絵・三浦 千佳（2014）．高齢者に対する傾聴ボランティア活動の実際と継続要因に関する基礎的研究　日本看護医療学会雑誌，*16*，18–30.
Kloos,B., Hill,J., Thomas,E., Wandersman,A., Elaias,M.J. (2012). *Community psychology: Linkin individuals and communities, Third edition*. Belmont, CA: Wadsworth.
公益財団法人日本臨床心理士資格認定協会（2014）．臨床心理士の専門業務　http://fjcbcp.or.jp/rinshou/gyoumu/（2017年10月）
小森政嗣・長岡千賀（2010）．心理臨床対話におけるクライエントとカウンセラーの身体動作の関係　認知心理学研究，*88*(1)，1–9.
今野 裕之・堀 洋道（1998）．正当世界信念が社会状況の不公正判断に及ぼす影響について 筑波大学心理学研究，*20*，157–162.
京極 高宣（監修）（1993）．現代社会福祉学のレキシコン　雄山閣
Kotsou, I., Nelis, D., Gregoire, J., & Mikolajczak, M. 2011. Emotional plasticity: Conditions and effects of improving emotional competence in adulthood. *Journal of Applied Psychology, 94*(6), 827-839.
黒田 由衣（2017）．場における相互性に着目したケアワーク実践――二者間の介助行為を超えて――　日本社会福祉学会第65回秋季大会，193–194.
Lewis, J. A., Lewis, M. D., Daniels, J. A., & D'Andrea, M. J. (2011). *Community counseling: A multicultural-social justice perspective, 4th edition*. Belmont, CA: Brooks/Cole.
Lindsay, A. W., & Speer, P. (2011). The mediating influence of organizational characteristics in the relationship between organizational type and relational power: An extension of psychological empowerment research. *Journal of Community Psychology, 39*(8). 972-986.

Lindsay, A. W., & Speer, P. (2011). The mediating influence of organizational characteristics in the relationship between organizational type and relational power: An extension of psychological empowerment research. *Journal of Community Psychology, 39*(8). 972-986.

Lounsbury, J. W., Loveland, J. M., & Gibson, L. W. (2003). An investigation of psychological sense of community in relation to big five personality traits. *Journal of Community Psychology, 31*(5), 531-541.

松本 圭・山上 史野・塩谷 亨・松本 かおり・石丸 雅貴・大矢 寿美子 (2015). 市民カウンセラー養成講座の実施(3) ――プログラムを通じた主観的幸福感とコミュニティ感覚の変化―― 日本コミュニティ心理学会第18回大会発表論文集, 40–41.

Mayeroff, M. (1965). On caring. *International Philosophical Quartary, 5*, 462-474.

Mayeroff, M. (1971). *On caring*. New York: Harper & Row Publishers. (田村 真・向野宣之 (訳) (1971). ケアの本質――生きることの意味―― ゆるみ出版)

McMillan, D. W., & Chavis, D. M. (1986). Sense of community: A definition and theory. *Journal of Community Psychology, 30*, 23-43.

目黒心理教育相談室・情緒教育部 (編) (1998). ヴォランティアリング――自己の生き方の反映として―― 資料, pp.1–6.

目黒 達哉 (2003). ヴォランティアリング・カウンセリングによる福祉の街づくりに関する研究, 愛知新城大谷短期大学紀要, *2*, 173–193.

目黒 達哉 (2005). ヴォランティアリングとカウンセリングの共通性と相違性 愛知新庄大谷大学研究紀要, *1*, 135–143.

目黒 達哉・竹田倫代 (2006). 福祉教育の論理性について 愛知新城大谷短期大学紀要, *3*, 57-67.

目黒 達哉 (2008). 傾聴ボランティアに関する実践研究――学生ボランティアへのアンケート調査からの検討―― 日本コミュニティ心理学会第11回大会発表論文集, 100–101.

目黒 達哉 (2010). 傾聴ボランティアに関する実践研究――行政機関主催養成講座の課題とプログラム開発―― 同朋福祉, *16*, 207–225.

目黒 達哉 (2007). コミュニティ心理学者の役割 日本コミュニティ心理学会 (編) コミュニティ心理学ハンドブック (pp. 500–511) 東京大学出版会

目黒 達哉 (2008). 傾聴ボランティアに関する実践研究――学生ボランティアへのアンケート調査からの検討―― 日本コミュニティ心理学会第11回大会発表論文集, 100–101.

目黒 達哉・村上 逸人 (2013). 同朋大学認定傾聴士資格制度に関する一考察――課題と展望―― 同朋大学論叢, *97*, 47–59.

目黒 達哉 (2014). 同朋大学認定傾聴士資格制度に関する一考察(2) ――他機関資格制度との比較検討―― 同朋大学論叢, *98*, 1–15.

目黒 達哉 (2015). 同朋大学認定傾聴士資格制度に関する一考察(3) ――傾聴士とは何

か――　同朋大学論叢，*99*，29–40.
目黒達哉・串崎真志（2015）．うまく傾聴できるペアほど主観的時間評価は似るか？　日本心理臨床学会第34回秋季大会発表論文集
目黒 達哉（2014）．臨床心理学的地域援助研究――コミュニティ臨床心理士の専門性とボランティアとの協働・連携――　学術図書出版社
南 徹弘（1977）．霊長類における幼体の行動発達と初期母子関係:常同行動の比較行動学的分析　大阪大学人間科学部紀要，*3*，181–205.
Milton, M. (1971). *On caring*, New York, Harper & Row.
文部科学省（2016）．私立大学等の振興に関する検討会議（第4回）配布資料　http://www.mext.go.jp/b_menu/shingi/chousa/koutou/073/gijiroku/1374022.htm
諸富 祥彦（2009）．自己成長の心理学――人間性/トランスパーソナル心理学入門――　コスモス・ライブラリー
諸富 祥彦（2014）．新しいカウンセリングの技法――カウンセリングのプロセスと具体的な進め方――　誠信書房
Moreno-Jiménez, P., & Hidalgo, C. M. (2013). Positive effects of voluntary activity in old adults, *Journal of Community Psychology*, *41*, 188-199.
村井 香穂・堀田 結孝・竹澤 正哲（2011）．宗教と道徳判断――ヒューマン・ユニバーサルとしての因果応報観――　日本人間行動進化学会第4回大会ポスター発表
村井 雅美（2016）．「関係の相互性」についての精神分析的理解――他分野の「関係の相互性」研究を手がかりに――　京都大学大学院教育学研究科紀要，*62*，349–361.
村上 香奈・山崎 浩一（2015）．ソリューション・フォーカスト・アプローチに基づくグループワークの実践とその影響――大学生への発達支援に関する質的研究――　カウンセリング研究，*48*，218–227.
村田 久行（1996）．傾聴の援助的意味――存在論的基礎分析――　東海大学健康科学部紀要，*2*，29–38.
村松愛美・野中弘敏（2012）．対話場面における聴き手の表情の有無が話し手の気分に及ぼす影響――話し手の性格との関連で――　山梨学院大学研究紀要，*33*，120-127.
Murrell, S. A. (1973). *Communthy psychology and social systems: A conceptual framework and intervention guide*. Behavioral Publications.（安藤延男（監訳）（1977）．コミュニティ心理学――社会システムの介入と変革――　新曜社）
内閣府における共生社会形成促進のための政策研究会（2005）．「共に生きる新たな結び合い」の提唱（詳細版）内閣府政策統括官（社会政策担当）
中 久郎・桑原 洋子編（1998）．現代社会と社会福祉　信山社
中道 正之（1996）．サル類の子育て　動物心理学研究，*45*(2)，67–75.
中西 のりこ（2011）．研究の目的に合わせたKJ法の応用　外国語教育メディア学会（LET）関西支部メソドロジー研究部会2011年度報告論集，92–105.
中嶋 充洋（1992）．ボランティア論　中央法規

中田 行重・串崎 真志（2005）．地域実践心理学――支えあいの臨床心理学へ向けて――　ナカニシヤ出版

中田行重（2014）．わが国におけるパーソン・センタード・セラピーの課題　心理臨床学研究，*32*(5)，567-576.

中村 雄二郎（1992）．臨床の知とは何か　岩波新書

中川 浩子（2013）．女性運動に参加した女性たちのコミュニティ感覚と世代継承性について――「生活者」としての女性たちの語りをとおして――　コミュニティ心理学研究，*17*，15–30.

Naylor, P., & Cowie, H. (1999). The effectiveness of peer support systems in challenging school bullying: The perspectives and experiences of teachers and pupils. *Journal of Adolescence*, *22*, 467-479.

Nelis, D., Kotsou, I., Quoidbach, J., Hansenne, M., Weytens, F., Hansenne, M., Weytens, F., Dupuis, P., & Mikolajczak, M. (2011). Increasing emotional competence improves psychological and physical well-being, social relationships and employability. *Emotion*, *11*(2), 354-366.

Nelis, D., Kotsou, I., Quoidbach, J., Hansenne, M., Weytens, F., Hansenne, M., Weytens, F., Dupuis, P., & Mikolajczak, M. (2011). Increasing emotional competence improves psychological and physical well-being, social relationships and employability. *Emotion*, *11*(2), 354-366.

日本カウンセリング学会（編）（2003）．カウンセリング研究，*36*，164.

日本傾聴塾（2006）．日本傾聴塾とは　http://keicho.mond.jp/aboutus.html（2016年12月3日）

野田 恵・齋藤 新（2014）．自然学校におけるボランティア活動の教育的効果――サービスラーニングの視点から　地球環境基金報告書　山村における大学生のサービスラーニング――泰阜村の自然と地域を生かした社会貢献と学び　グリーンウッド自然体験教育センター，46–56.

野崎 瑞樹（2006）．高齢者への傾聴ボランティアの試み――ボランティア学生と高齢者との関係性の変化について――　日本社会心理学会第46回大会発表論文集，385–386.

NPOホールファミリーケア協会（2009）．聴くことのできる社会貢献――新傾聴ボランティアのすすめ――　三省堂

NPO法人日本精神療法学会（2008）．傾聴療法士　http://toumei.org/category/about/

Obst, P., Smith, S., & Zinkiewicz, L. (2002). An exploration of sense of community, part 3: Dimensions and predictors of psychological sense of community in geographical communities. *Journal of Community Psychology*, *30*(1), 119-133

岡本 智周（2011）．個人化社会で要請される〈共に生きる力〉　岡本 智周・田中 統治（編）共生と希望の教育学（pp. 30–41）筑波大学出版会

岡野 美年子（1994）．知恵遅れの子をもった聴覚障害者のお母さんとともに　心理臨床

学研究，*11*(1)，267–277.

大阪ボランティア協会（編）（1981）．ボランティア参加する福祉　ミネルヴァ書房

小塩 真司・阿部 晋吾・カトローニピノ（2012）．日本語版Ten Item Personality Inventory （TIPI-J）作成の試み　パーソナリティ研究，*21*，40–52.

大津雅之（2009）．社会福祉分野における「自己覚知」に対する考察──概念・必要性・方法論の視点から──　ヒューマンセキュリティ・サイエンス，*4*，45–62.

Perkins, D., Hughey, J., & Speer, P. (2002). Community psychology perspectives on social capital theory and community development practice. *Journal of the Community Development Society, 33.*

Peterson. A. N., Speer, P. (2011). Community participation and psychological empowerment: Testing reciprocal causality using a cross-lagged panel design and latent constructs. *Health Education and Behavior, 38,* 339-47.

Peterson, A. N., Speer, P., & Mcmillan, W. D. (2008). Validation of a brief sense of community scale: Confirmation of the principal theory of sense of community. *Journal of Community Psychology, 36,* 61-73

Peterson, A. N., Speer, P., Hughey, J., Armstead, L. T., Schneider, E. J., & Sheffer, A. M. (2008). Community organizations and sense of community: Further development in theory and measurement. *Journal of Community Psychology, 36,* 798-813.

Peterson, A. N., & Speer, P. (2000). Linking organizational characteristics to psychological empowerment. *Administration in Social Work, 24,* 39-58.

Peterson, A. N., Speer, P., & Hughey, J. (2006). Measuring sense of community: A methodological presentation of the factor structure debate. *Journal of Community Psychology, 34,* 453-469.

Peterson, A. N., Lowe, B. J., Hughey, J., Robert, J., Reid, J., Zimmerman, M., & Speer, P. (2007). Measuring the intrapersonal component of psychological empowerment: Confirmatory factor analysis of the sociopolitical control scale. *American Journal of Community Psychology, 38,* 287-297.

Pretty, G. M. H., Andrewes, L., & ColLett, C (1994). Exploring adolesoents sense of community and its relationship to loneliness. *Journal of Community Psychology, 22,* 346-358.

Rogers, C. R. (1961). On Becoming person, Boston: Houghton Mifflin.（村山正治（編訳）（2009）．ロジャーズ全集12巻人間論　岩崎学術出版社）

ロジャーズ（1967a）．人間論　ロジャーズ全集4巻　岩崎学術出版

ロジャーズ（1967b）．パーソナリティ理論　ロジャーズ全集4巻　岩崎学術出版

Royal, M. A., & Rossi, R. J. (1996). Individual-level correlates of sence of community: Findings from workplace and school. *Jounrnal of Community Psycholog, 24,* 395-416.

佐治 守夫・飯長 喜一郎（編）（1983）．ロジャーズ　クライエント中心療法──カウン

セリングの核心を学ぶ――　有斐閣新書
Sarason, S. B. (1974). *The psychological sense of community: Prospects for a community psychology*. SanFrancisco: Jossey-Bass.
佐藤 聖一（2010）．看護におけるケアリングと何か　新潟青陵学会誌，*3*，11–19.
佐藤 幸子・井上 京子・新野 美紀・鎌田 三千子・小林 美名子・藤澤 洋子・矢本 美子（2004）．看護におけるケアリング概念の検討――わが国におけるケアリングに関する研究の分析から――　山形保健医療研究，*7*，41–48.
佐藤 陽（2015）．高齢者が相互に支え合う意義――要援護高齢者の力を活かす場づくり――　十文字学園女子大学紀要，*46*，53–65.
笹尾 敏明（2007）．コミュニティ感覚　日本コミュニティ心理学会（編）コミュニティ心理学ハンドブック（pp.115–129）東京大学出版会
社会福祉法人愛知県社会福祉協議会ボランティアセンター（2003）．みんなでボランティア　資料
澤 聡一・姫島 源太郎・増田 健太郎・田嶌 誠一（2016）．大学と協働した臨床心理学的地域援助を行うNPO法人の創設と活動の展開　コミュニティ心理学会，*20*，45–61.
妹尾 香織（2008）．若者におけるボランティアとその経験効果　花園大学社会福祉学部研究紀要，*16*，35–42.
塩谷亨・山上史野・松本圭・松本かおり・石丸雅貴・大矢寿美子（2015）．「市民カウンセラー養成講座」の実施(1)――背景とプログラムの概要――　日本コミュニティ心理学会第18回大会発表論文集，36–37.
Slack, S. (1985). Reflections on a workshop with Carl Rogers. *Journal of Humanistic Psychology, 25*, 35-42.（H．カーシェンバウム／V.L.ヘンダーソン編　伊東博・村山正治（監訳）（2009）．ロジャーズ選集（上）誠信書房）
Speer, P., & Hughey, J. (1996). Mechanisms of empowerment: Psychological processes for members of powerbased community organizations. *Journal of Community and Applied Social Psychology, 6*, 177-187.
Speer, P. (2000). Intrapersonal and interactional empowerment: Implications for theory. *Journal of Community Psychology, 28*, 51-61.
Speer, P.,　Peterson, A. N., Armstead, L. T., & Allen, T. C. (2012). The influence of participation, gender and organizational sense of community on psychological empowerment: The moderating effects of income. *American Journal of Community Psychology, 51*, 1-2.
高井 秀明（2009）．安静時における心拍音の傾聴がもたらす心理・生理的変化　バイオフィードバック研究，*36*，157–165.
田中 義久（編）（1996）．関係の社会学　弘文堂
高橋 美保・森田 慎一郎・石津 和子（2010）．集団主義とコミュニティ感覚がメンタルヘルスに及ぼす影響――日・中・韓の国際比較を通して――　東京大学大学院教育学研究科紀要，*50*，150–179.

玉井 航太・笹尾 敏明（2013）．ICUの平和教育と教育環境としてのコミュニティ感覚の関連性の検討　教育研究（国際基督教大学教育研究所），*55*，105–120.

玉里久美（2013）．慢性統合失調症がとらえた看護師による傾聴の意義とその様相　日本精神保健看護学会誌，*22*(2)，58-67.

丹木博一（2016）．いのちの生成とケアリング：ケアのケアを考える　ナカニシヤ出版

塚元 千恵美・八木 陽一郎（2007）．リーダーによる部下への傾聴とその影響に関する一考察――LMXとストレスの観点から――　経営行動科学学会発表論文集，*10*，280–281.

The Federal Domestic Volunteer agency (1989). *Retired Senior Volunteer Program*. RSVP.

上原 貴夫（2006）．人間の「生きる」基本としての人間関係に関する研究――比較行動学の視点からみた人間関係――　人間関係学研究，*13*(1)，41–49.

植村 勝彦（2012）．現代コミュニティ心理学　東京大学出版会

鷲田 誠一（1999）．「聴く」ことの力――臨床哲学試論――　TBSブリタニカ

渡辺 三枝子（1996）．カウンセリング心理学　ナカニシヤ出版

山上 史野・塩谷 亨・松本 圭・松本 かおり・石丸 雅貴・大矢 寿美子（2015）．「市民カウンセラー養成講座」の実施(2) ――受講者のプログラムに対する評価――　日本コミュニティ心理学会第18 回大会発表論文集，38–39.

山本 和郎（1986）．コミュニティ心理学――地域臨床の理論と実践――　東京大学出版会

山本 和郎（2002）．社会的要請で展開する「臨床心理学的地域援助」について――その定義・理念・独自性・方法――　人間関係学研究（社会学社会心理学人間福祉学）（大妻女子大学紀要），*3*，243–252.

山口 智子（2005）．祖父母の自己語りが祖父母・孫に及ぼす影響　日本発達心理学会第16回発表論文集，582.

山口 桂子・服部 淳子・中村 菜穂・山本 貴子・小林 督子（2002）．看護師の職場コミュニティ感覚とストレス反応――看護師用コミュニティ感覚尺度の作成を中心に――　愛知県立看護大学紀要，*8*，17–24.

山田剛史・杉澤武俊・村井潤一郎（2015）．Rによる心理データ解析　ナカニシヤ出版

山口智子（2005）．祖父母の自己語りが祖父母・孫に及ぼす影響　日本発達心理学会第16回発表論文集，582.

山極寿一（2009）．日本の霊長類学――歴史と展望――　霊長類研究，*24*，183–186.

和木康光（2002）．同朋和敬――同朋大学のあゆみ――　中部経済新聞社

事項索引

▶さ行

▶た行

人名索引

初出一覧

第１章

第１節　「第１章　臨床心理的地域援助の概念」『臨床心理的地域援助研究――コミュニティ臨床心理士の専門性とボランティアとの協働・連携』学術図書出版社，2014，pp.9–16.

第２節　「第４章　臨床心理的地域援助におけるボランティア実践論」『臨床心理的地域援助研究――コミュニティ臨床心理士の専門性とボランティアとの協働・連携』学術図書出版社，2014，pp.89–104.

第２章

第１節・第２節　「登校拒否M子へのコミュニティ・アプローチ」『心理臨床学研究』第16巻第２号，1998，pp.138–149. ……＊

第３章

第２節　「傾聴ボランティアに関する実践研究――行政機関主催養成講座の課題とプログラム開発」『同朋福祉』第16号（通巻38号），2010，pp.207–225.

第４章

第１節　「傾聴ボランティアに関する実践研究――傾聴感覚についての検討」『同朋福祉』第19号（通巻41号），2013，pp.73–93.

第２節　「傾聴に関する臨床心理学的研究――傾聴感，特に聴いてもらえた感の質的検討」『心理臨床実践研究』第２号，2017，pp.17–24.

第３節　「高齢者の傾聴ボランティア経験が自己成長に及ぼす効果」『ライフケアジャーナル』第９巻第１号，2018，pp.7–15. ……＊

第５章

第１節　「コミュニティ感覚の研究動向」『同朋大学論叢』第100号，2016，pp.31-44.

第２節　「傾聴体験が地域コミュニティに対する態度に与えた影響」『ライフケアジャーナル』第７巻第１号，2016，pp.15–20. ……＊

第３節　「傾聴体験がコミュニティ感覚に与える影響――独自型大学認定「傾聴士」養成に関する実践的研究」『同朋福祉』第22号（通巻44号），2016，pp.221–236.

注）＊はレフェリージャーナル

［著者紹介］

目黒 達哉（めぐろ・たつや）

1959年８月31日　愛知県名古屋市に生まれる

〈学歴〉

1986年３月　愛知学院大学大学院 文学研究科 心理学専攻 修士課程修了，文学修士
2018年３月　関西大学大学院 心理学研究科 博士課程修了，博士（心理学）

〈職歴〉

1996年～現在　目黒心理教育相談室開設
1997～2000年　愛知県厚生連昭和病院 小児科 臨床心理士
　県立高校のスクールカウンセラー従事
2000～2002年　愛知新城大谷短期大学 社会福祉学科 専任講師
2003年　愛知新城大谷短期大学 社会福祉学科 助教授
2004～2007年　愛知新城大谷大学 社会福祉学部 准教授
　愛知新城大谷大学 カウンセリングルーム 臨床心理士
2004～2007年　愛知教育大学 障害児教育講座 特殊教育特別専攻科 非常勤講師
2004年～現在　日本赤十字豊田看護大学 看護学部 非常勤講師
2008～2009年　同朋大学 社会福祉学部 准教授
2008年～現在　同朋大学社会福祉学部附属福祉臨床・情報センター（心理相談）
2010年～現在　同朋大学 社会福祉学部 教授
　同朋大学大学院 人間福祉研究科 教授
　名古屋音楽大学 音楽学部 非常勤講師
2018年～現在　同朋大学大学院人間福祉研究科附属心理臨床センター 臨床心理士

著書

〈単著〉

臨床心理的地域援助研究――コミュニティ臨床心理士の専門性とボランィアとの協働・連携（学術図書出版社）

〈編著等〉

こころのうた（編・監修責任，目黒心理教育相談室・情緒教育部）
障害者の心理・『こころ』――育ち・成長・かかわり（共編著，学術図書出版社）
こころのケア――臨床心理学的アプローチ（共編著，学術図書出版社）
現代心理学の基礎と応用――人間理解と対人援助（共編著，樹村房）
改訂 現代心理学の基礎と応用――人間理解と対人援助（共編著，樹村房）

〈共著〉

現代社会と社会福祉（信山社）
現代の臨床心理学（学術図書出版）
コミュニティ心理学ハンドブック（東京大学出版会）
ストレス社会とメンタルヘルス（樹村房）
現代児童家庭福祉論（ミネルヴァ書房）

傾聴ボランティアの
臨床心理学的意義とその養成

2019年３月30日　初版第１刷発行

著　者© 目 黒 達 哉
発行者　大 塚 栄 一

発行所　株式会社 樹 村 房
〒112-0002
東京都文京区小石川５丁目11番７号
電話　東京03-3868-7321
FAX　東京03-6801-5202
http://www.jusonbo.co.jp/
振替口座　00190-3-93169

組版／難波田見子
印刷・製本／美研プリンティング株式会社

ISBN978-4-88367-315-5